Træningstips 3:

Opvarmning

og

almen fysisk træning

Af Peter Schmidt

Træningstips 3: Opvarmning og almen fysisk træning

Copyright © 2018 Peter Schmidt
All rights reserved
Forlag: BoD – Books on Demand, København, Danmark
Tryk: BoD – Books on Demand, Norderstedt, Tyskland
Bogen er skrevet med Palatino Linotype
1. udgave, 1. version

ISBN: 9 78874 3002987

Indledning

Lad det være sagt med det samme: Jeg er rundet af håndbolden... Jeg har været håndboldtræner i snart 30 år med enkelte pauser undervejs og jeg har i løbet af de sidste 10 år skrevet fem bøger om håndboldtræning, primært med fokus på træningsøvelser. I alt er det blevet til 2.513 øvelser fordelt på 2.068 sider... Bogprojektet startede tilbage i 2007 med en tanke om, en irritation over vel nærmest, at jeg ikke synes, at jeg på daværende tidspunkt kunne finde litteratur med praktiske øvelser til min håndboldtræning. Masser af teori, ja. Gode kurser fra håndboldforbundet, ja. Men ikke meget, jeg kunne relatere mig til hjemme i hallen, når teori skulle omsættes til praktik. En god ven og trænerkollega sagde til mig, at så måtte jeg jo selv skrive om det... Det gjorde jeg. Og resten er, som man siger, historie.

Nu skal dette ikke handle om mig som håndboldtræner eller være et reklameindspark for mine tidligere bøger. Nej, jeg nævner det kun fordi, at dette hæfte er født ud af de nævnte håndboldbøger. Bøgerne indeholder ret meget håndboldspecifik træning – i sagens natur – men også en del af mere generel karakter. Almen grundtræning er jo fælles for meget sport.

Derfor er dette hæfte et langt stykke hen ad vejen et ekstrakt af opvarmningsøvelser og øvelser til fysisk træning – primært styrke – der har været medtaget i de fem håndboldtipsbøger. Jeg har medtaget dem, der er mest almene; nogen nænsomt skrevet om. Men helt skjule at jeg har rod i håndboldverdenen, det kan jeg nok ikke. Det håber jeg, at du som læser kan abstrahere fra.

Øvelserne i dette hæfte er som sagt – forhåbentligt – af "tværsportslig" karakter til almen anvendelse indenfor flere sportsgrene, idrætsundervisning og lignende. For nemheds skyld er "de udøvende personer" dog omtalt som spillere. Uagtet at det lige så godt kunne være elever, atleter, kursister m.m. Og den, der leder aktiviteten, er omtalt som "træ-ner", selv om det med rette kunne være instruktør, underviser, lærer m.m. Jeg undskylder på forhånd.

Hensigten har været, at indholdet skal fungere som inspirationskilde. Hæftet, ja hele serien "Træningstips", er tænkt som opslagsværk, hvor der kan findes en lang række forskellige øvelser, spil m.m. du kan an-vende, som de er beskrevet, eller du kan lave dine egne modifikationer ud fra, så de passer bedre til din målgruppe eller det, du ønsker at få ud af træningen. Det er op til dig, som træner/instruktør/underviser, at foretage denne tilretning… jeg har bare forsøgt at give dig inspiration til at sætte dine egne tanker i gang. Der findes absolut ingen facitliste, intet "rigtigt" eller "forkert".

Antal gentagelser, repetitioner, tider m.m. under en given øvelse skal blot tages som vejledende. Det er i sidste ende dig – og kun dig – som træner eller instruktør, der bedst kan vurdere den målgruppe, du ar-bejder med. Ved en del af øvelserne i afsnittet om almen fysisk træning har jeg slet ikke angivet tid, respektive repetitioner af samme grund. Vejledende oplysninger kan være irrelevante. Det giver for eksempel ikke mening at skrive, at der *skal* tages 10 armstræk med klap – punk-tum og udråbstegn – hvis der arbejdes med en gruppe, der helt tydeligt ikke kan. Der er forskel på veltrænede seniorer og børn.

Ved parøvelser, eller andre øvelser hvor flere arbejder sammen, men ikke nødvendigvis samtidig (de skiftes), har jeg ikke altid skrevet, at man skal huske at bytte. Det ligger selvsagt implicit i øvelsens karakter, håber jeg.

Ligeledes er indlagt som forudsætning, at spillerne skal have en rimelig ens fysik (højde, vægt, fysisk formåen).

"Kært barn har mange navne" lyder en gammel talemåde. Sådan er det også med mange af de programmer og øvelser, jeg har medtaget i denne bog. Som udgangspunkt har jeg valgt at medtage dem under det navn, jeg kender dem. Jeg erkender min skyldighed og beder om tilgivelse på forhånd. Der kan derfor være stor sandsynlighed for, at du måske kender en eller flere øvelser under andre navne. Det er ikke nødvendigvis en faktuel fejl.

Jeg håber, at du kan finde noget brugbart i hæftet. Jeg har i al beskedenhed gjort mit bedste.

God fornøjelse!

Tjæreby, august 2018
Peter

Indhold

Opvarmning

Opvarmning – er det noget man behøver? Jeg tror, at alle på et eller andet tidspunkt har tænkt, eller kommer til at tænke, den tanke. Og svaret er kort og præcist "ja, det er nødvendigt at varme op før enhver sportsaktivitet! "

En vigtig - om ikke dén vigtigste – grund til opvarmning er, at ved opvarmning øges kropstemperaturen og det har indflydelse på præstationsevnen:

-   De kemiske processer øges, hvilket gør kroppens processer under fysisk arbejde mere effektive
-   Blodet flyder hurtigere rundt i kroppen, hvilket øger tilførsel af ilt til musklerne
-   Nervesignalerne i kroppen løber hurtigere, hvilket betyder bedre styring og aktivering af muskulaturen og forbedret koordination
-   Når muskler og seners temperatur øges, bliver de mere smidige og nedsætter dermed risikoen for overbelastningsskader
-   Leddene bliver smurt, hvorved friktionen øges

Kort sagt… kroppen bliver forberedt på at skulle til at yde med høj intensitet og hurtige, eksplosive bevægelser.

Dette er de fysiologiske fordele.

En fysisk parathed vil ganske givet også betyde en mental parathed.

Når kroppen er forberedt bedst muligt, vil det give overskud til at øge opfattelse og koncentration.

Vi vil med andre ord præstere bedre.

Så ja, der er al mulig god grund til at prioritere opvarmning forud for fysisk aktivitet.

Generelt bør en grundig opvarmning – selvfølgelig afhængig af idræt – have en længde på ikke under 10 og helst ikke over 30 minutter. Det er en afvejning, for opvarmer man for længe, risikeres at opvarmningen tager energi fra den egentlige sportsudøvelse.

Hvis man varmer op før en udholdenhedsaktivitet som cykling eller løb, så vil det i mange tilfælde være rigeligt at starte langsomt op.

I alle andre tilfælde bør en grundig opvarmning indeholde
- En langsom opstart på et par minutter, hvor pulsen gradvist bringes op (ved eksempelvis løb)
- Kredsløbsbelastende øvelser (hop- og svingøvelser)
- Lettere styrkeøvelser
- Stræk- og smidighedsøvelser (først når musklerne er varme)
- Idrætsspecifikke øvelser (eksempelvis ved boldspil inddrage bolden, ved boksning skyggebokse og lignende)

Vær forsigtig med at lægge alt for hårde styrkeøvelser ind i opvarmningen, da balancen mellem opvarmning og egentlig anaerob træning kan forrykkes. Opvarmning er netop opvarmning; den egentlige aktivitet kommer bagefter.

Efter opvarmning skal man være klar … ikke færdig.

Allround opvarmningsprogram før boldsport

Indledende løb

Varighed cirka 2 minutter

Eksempelvis:
- almindeligt løb
- baglæns løb
- almindeligt sideløb
- sideløb med twist
- løb med høje knæløftninger
- løb med hælspark
- gadedrengeløb
- krigsdans
- almindeligt løb

Armene må gerne bevæges med i forskellige bevægelser (armsving m.m.).

Kredsløbsøvelser

Varighed cirka 3 minutter

Eksempelvis:
- hele armdrejninger (i moderat tempo) med begge arme – med fjedrende bevægelser i knæene
- armsvingninger fremad-bagud med samtidig knæbøjning
- sidebøjninger
- foroverbøjninger
- skulderrulninger med bøjede albuer, så store cirkler som muligt
- crawl svømmetag i let foroverbøjet stilling
- kropsvridninger med hænder bag nakke
- fejesving

- armsving med håndflader opad

Hop

Varighed cirka 2 minutter

Eksempelvis:
- twist
- lette benspark med klap under låret
- cancan
- skihop
- sprællemand
- let bredstående, hop fra ben til ben uden mellemhop
- skøjtehop
- tyrolerhop
- hop fra samlede ben ud med venstre fremme, højre tilbage og retur – derefter højre fremme og venstre tilbage (tag armene med)

Styrke

Varighed cirka 5 minutter

Eksempelvis
- armstrækninger
- fremliggende på maven med hænderne under panden; løft og sænk overkroppen
- rygliggende med bøjede ben (vinkel mellem lår og læg 90 grader – som når man sidder på en stol), armene strakt lodret op; løft og sænk overkroppen
- rygliggende med bøjede ben (vinkel mellem lår og læg 90 grader – som når man sidder på en stol), hænderne flettet bag nakken; højre albue føres til venstre knæ, venstre albue føres til højre knæ og så videre.

- knæliggende; løft skiftevis højre ben og venstre arm til strakt samtidig – der støttes på venstre ben og højre arm – og omvendt
- ryggliggende med armene strakt ud fra kroppen; benføring fra side til side, helt nede ved gulvet
- benskiftninger i håndliggende stilling; fremad-bagud
- stående på et ben – husk at skifte – lyskerotation med bøjet knæ

Stræk

Varighed cirka 5 minutter

Flere har et eget øvelsesvalg ud fra kroppens behov ved strækøvelser – andre bruger primært strækket til koncentration-meditation. Det er derfor helt ok med en vis form for egen improvisation ved udstrækning

Eksempelvis:
- udstræk af læg
- udstræk af lår
- udstræk af lårets forside
- oprulninger
- ryghvælvinger
- "skyde ryg"
- kipninger
- udstræk af arme
- håndstandsvridninger

Afsluttende løb (spurter)

Varighed cirka 2 minutter

Almindeligt løb i højere tempo med eksempelvis:
- indlagte spurter

- hurtige ryk
- retningsskift
- kropsfinter
- forlæns-baglæns løb

Idrætsspecifikke øvelser afhængig af idræt

Varighed cirka 6 minutter

- øvelser afhænger af idræt

Ballonøvelsen

Organisering:
Hver spiller skal have en ballon.

Spillerne fordeler sig på et passende område i forhold til antal. De skal have rigeligt med plads omkring sig.

Forløb:
Spillerne bevæger sig rundt imellem hinanden – der må ikke være kontakt imellem dem. Afhængig af niveau kan de gå eller småjogge.

De skal holde deres ballon i luften under hele øvelsen.

På trænerens signal

- Klapper de i hænderne
- Sætter de sig på bagdelen på gulvet og rejser sig igen
- Sætter de sig på knæ på gulvet og rejser sig igen
- Bukker de sig og klapper med højre hånd i gulvet
- Bukker de sig og klapper med venstre hånd i gulvet
- Lægger de sig på ryggen
- Lægger de sig på maven

Imellem hvert signal bevæger de sig videre rundt mellem hinanden. De skal kun udføre én af øvelserne ved hvert signal.

Hinke fremad med skift af ben – 1

Organisering:
Spillerne starter ved siden af hinanden på række og skal arbejde cirka 20 meter frem og tilbage igen.

Forløb:
Spillerne hinker fremad. Der hinkes fire hink fremad på venstre fod – to til venstre – to til højre, hvorefter der skiftes ben og hinkes fire hink fremad – to til venstre – to til højre – skiftes ben igen … og så videre.

Der hinkes 1 gang frem og tilbage.

Hinke fremad med skift af ben – 2

Organisering:
Spillerne starter ved siden af hinanden på række og skal arbejde cirka 20 meter frem og tilbage igen.

Forløb:
Spillerne hinker fremad. Der hinkes fire hink fremad på venstre fod – to til venstre – to til højre, hvorefter der skiftes ben og hinkes fire hink fremad – to til venstre – to til højre – skiftes ben igen … og så videre. Mens der hinkes, svinges den modsatte arm i forhold til hinkebenet: Når der hinkes på venstre fod, så svinges højre arm og omvendt.

Der hinkes 1 gang frem og tilbage.

Hinke fremad med skift af ben – 3

Organisering:
Spillerne starter ved siden af hinanden på række og skal arbejde cirka 20 meter frem og tilbage igen.

Forløb:
Spillerne hinker fremad. Der hinkes fire hink fremad på venstre fod, drejes rundt og hinkes fire hink baglæns. Herefter skiftes ben, så der hinkes fire hink fremad på højre fod, drejes rundt og hinkes fire hink baglæns – og så videre…

Der hinkes 1 gang frem og tilbage.

Hinke fremad med skift af ben – 4

Organisering:
Spillerne starter ved siden af hinanden på række og skal arbejde cirka 20 meter frem og tilbage igen.

Forløb:
Spillerne hinker fremad. Der hinkes fire hink fremad på venstre fod, drejes rundt og hinkes fire hink baglæns. Herefter skiftes ben, så der hinkes fire hink fremad på højre fod, drejes rundt og hinkes fire hink baglæns – og så videre… Mens der hinkes, svinges den modsatte arm i forhold til hinkebenet: Når der hinkes på venstre fod, så svinges højre arm og omvendt.

Der hinkes 1 gang frem og tilbage.

Hoppe med samlede ben – 1

Organisering:
Spillerne starter ved siden af hinanden på række og skal arbejde cirka 20 meter frem og tilbage igen.

Forløb:
Spillerne hopper fremad med samlede ben.

Der hoppes 1 gang frem og tilbage: Frem hoppes der fremad, tilbage hoppes der baglæns.

Hoppe med samlede ben – 2

Organisering:
Spillerne starter ved siden af hinanden på række og skal arbejde cirka 20 meter frem og tilbage igen.

Forløb:
Spillerne hopper fremad med samlede ben – med samtidige synkrone armsving (husk strakte albuer).

Der hoppes 1 gang frem og tilbage: Frem hoppes og svinges der fremad, tilbage hoppes og svinges der baglæns.

Hoppe med samlede ben – 3

Organisering:
Spillerne starter ved siden af hinanden på række og skal arbejde cirka 20 meter frem og tilbage igen.

Forløb:
Spillerne hopper sidelæns fremad med samlede ben. Der hoppes med højre side først den ene vej, med venstre side først den anden.

Der hoppes 1 gang frem og tilbage.

Hoppe med samlede ben – 4

Organisering:
Spillerne starter ved siden af hinanden på række og skal arbejde cirka 20 meter frem og tilbage igen.

Forløb:
Spillerne hopper sidelæns fremad med samlede ben. Der hoppes med højre side først den ene vej, med venstre den anden. Armene svinges asynkront, mens der hoppes.

Der hoppes 1 gang frem og tilbage.

Hoppe med samlede ben – 5

Organisering:
Spillerne starter ved siden af hinanden på række og skal arbejde cirka 20 meter frem og tilbage igen.

Forløb:
Spillerne hopper fremad med samlede ben. Der hoppes med slalombe-vægelser.

Der hoppes 1 gang frem og tilbage: Frem hoppes der fremad, tilbage hoppes der baglæns.

Hoppe med samlede ben – 6

Organisering:
Spillerne starter ved siden af hinanden på række og skal arbejde cirka 20 meter frem og tilbage igen.

Forløb:
Spillerne hopper fremad med samlede ben. Der hoppes med slalombe-vægelser, mens armene svinges synkront.

Der hoppes 1 gang frem og tilbage: Frem hoppes og svinges der fremad, tilbage hoppes og svinges der baglæns.

Klappeøvelsen

Organisering:
Spillerne er sammen i par. Den ene står med ryggen til den anden med hofteafstand eller skridtafstand mellem benene, og let bøjet knæ (med god balance i kroppen).

Forløb:
Den spiller, der står bagerst, skal klappe den, der står foran, med sine håndflader med et fast, men ikke meget hårdt klap.

Man starter fra skuldre og bevæger sig nedad og arbejder ryggen godt igennem, derefter ben og fødder. Fra fødderne til forsiden, ben, mave, bryst, arme. Slut af ved at lægge et par efterhånden meget varme hænder på skulderne, der hvor man er startet.

Den, der er blevet banket godt igennem, skal lige mærke om der er sket noget. Er man mere vågen? Hvordan mærkes musklerne og kroppen? Nytter det noget? (Snak sammen om det).

Derefter skiftes, og det er den andens tur.

Øvelsen tager cirka 5 minutter pr. omgang.

Der er selvfølgelige områder, hvor man ikke skal klappe - Og der er forskel på at klappe på ryggen og maven. Det hensyn skal selvfølgelig tages.

Øvelsen kan også laves i en lang række, hvor man kun tager bagsiden: skulder, ryg, ben, arme. Derefter vendes rundt. Øvelsen er god til at vække kroppen, og sin medspiller inden kamp/træning. Den kan være en smule grænseoverskridende, men samtidigt kan den være sjov. Det at kunne stole på hinanden er også en del af øvelsen. Så derfor skal der skiftes makker fra gang til gang.

Løbe i V

Organisering:
Et antal spillere deleligt med tre. Spillerne fordeler sig i tremandsgrupper; hver gruppe stiller sig i en trekant med cirka 4 meter mellem hver.

Forløb:
Spiller 1 løber hen til Spiller 2 – berører hende på armen – løber tilbage til udgangspositionen – løber hen til Spiller 3, berører hende på armen og igen retur til udgangspositionen. Herefter løber Spiller 2 til Spiller 1, berører hende på armen og retur – herefter til Spiller 3, berører hende på armen og retur til udgangspositionen. Sluttelig løber Spiller 3 til Spiller 1, berører hende på armen og løber retur, hvorefter hun løber til Spiller 2 og berører hende på armen – og retur. Spiller 1 starter forfra… Alt returløb (til oprindelig position) foregår baglæns.

Hver spiller skal være aktiv 2-4 gange – herefter kan øvelsen efter en ganske kort pause gentages, hvis det ønskes.

Hvis spillerne har besvær med at holde trekantopstillingen, kan der med fordel sættes tre kegler eller anden markering op, der viser trekantens størrelse.

Løbe med armsving – 1

Organisering:
Spillerne starter ved siden af hinanden på række og skal arbejde cirka 20 meter frem og tilbage igen.

Forløb:
Spillerne løber almindeligt fremad, med indlagte retningsskift (fra side til side). Samtidig med at der løbes, svinges armene rundt (husk strakt albue) – på den første tur frem og tilbage svinges asynkront; på den anden synkront.

Der løbes 2 gange frem og tilbage.

Løbe med armsving – 2

Organisering:
Spillerne starter ved siden af hinanden på række og skal arbejde cirka 20 meter frem og tilbage igen.

Forløb:
Spillerne løber sideløb fremad. Samtidig med at der løbes, svinges armene rundt (husk strakt albue) – på den første tur frem og tilbage svinges asynkront; på den anden synkront. Når der løbes frem, løbes med højre side først. Når der løbes tilbage, løbes med venstre side først.

Der løbes 2 gange frem og tilbage.

Løbe med armsving – 3

Organisering:
Spillerne starter ved siden af hinanden på række og skal arbejde cirka 20 meter frem og tilbage igen.

Spillerne løber baglæns, med indlagte retningsskift (fra side til side). Samtidig med at der løbes, svinges armene rundt (husk strakt albue) – på den første tur frem og tilbage svinges asynkront; på den anden synkront.

Der løbes 2 gange frem og tilbage.

Løbe med høje knæløft – 1

Organisering:
Spillerne starter ved siden af hinanden på række og skal arbejde cirka 20 meter frem og tilbage igen.

Forløb:
Spillerne løber fremad, mens de udfører høje knæløft. Armene tages med; der bokses asynkront med højre og venstre hånd op over hovedet.

Der løbes 2 gange frem og tilbage.

Løbe med høje knæløft – 2

Organisering:
Spillerne starter ved siden af hinanden på række og skal arbejde cirka 20 meter frem og tilbage igen.

Forløb:
Spillerne løber fremad, mens de udfører høje knæløft. Der løbes sideløb – med højre side først den ene vej, med venstre den anden. Armene tages med; der bokses asynkront med højre og venstre hånd op over hovedet.

Der løbes 2 gange frem og tilbage.

Løbe med høje knæløft – 3

Organisering:
Spillerne starter ved siden af hinanden på række og skal arbejde cirka 20 meter frem og tilbage igen.

Forløb:
Spillerne løber baglæns, mens de udfører høje knæløft. Armene tages med; der bokses asynkront med højre og venstre hånd op over hovedet.

Der løbes 2 gange frem og tilbage.

Løbe med hælspark – 1

Organisering:
Spillerne starter ved siden af hinanden på række og skal arbejde cirka 20 meter frem og tilbage igen.

Forløb:
Spillerne løber fremad, mens de laver hælspark. Armene holdes ned bag på ryggen – hænder på bagdelen – og der løbes med let foroverbøjet overkrop.

Der løbes 2 gange frem og tilbage.

Løbe med hælspark – 2

Organisering:
Spillerne starter ved siden af hinanden på række og skal arbejde cirka 20 meter frem og tilbage igen.

Forløb:
Spillerne løber fremad, mens de laver hælspark. Der løbes sideløb – med højre side først den ene vej, med venstre den anden. Armene holdes ned bag på ryggen – hænder på bagdelen – og der løbes med let foroverbøjet overkrop.

Der løbes 2 gange frem og tilbage

Løbe med hælspark – 3

Organisering:
Spillerne starter ved siden af hinanden på række og skal arbejde cirka 20 meter frem og tilbage igen.

Forløb:
Spillerne løber baglæns, mens de laver hælspark. Armene holdes ned bag på ryggen – hænder på bagdelen – og der løbes med let foroverbøjet overkrop.

Der løbes 2 gange frem og tilbage.

Løbe med op/ned bevægelse – 1

Organisering:
Spillerne starter ved siden af hinanden på række og skal arbejde cirka 20 meter frem og tilbage igen.

Forløb:
Spillerne løber fremad. For hver 2. meter skiftevis lægger de sig ned på ryggen og ned på maven, forstået således: De løber 2 meter, lægger sig ned på ryggen, rejser sig igen – løber 2 meter, lægger sig ned på maven, rejser sig igen – løber 2 meter … og så videre.

Der løbes 1 gang frem og tilbage.

Løbe med op/ned bevægelse – 2

Organisering:
Spillerne starter ved siden af hinanden på række og skal arbejde cirka 20 meter frem og tilbage igen.

Forløb:
Spillerne løber fremad. Der løbes sideløb – med højre side først den ene vej, med venstre den anden. For hver 2. meter skiftevis lægger de sig ned på ryggen og ned på maven, forstået således: De løber 2 meter, lægger sig ned på ryggen, rejser sig igen – løber 2 meter, lægger sig ned på maven, rejser sig igen – løber 2 meter … og så videre.

Der løbes 2 gange frem og tilbage.

Løbe med op/ned bevægelse – 3

Organisering:
Spillerne starter ved siden af hinanden på række og skal arbejde cirka 20 meter frem og tilbage igen.

Forløb:
Spillerne løber baglæns. For hver 2. meter skiftevis lægger de sig ned på ryggen og ned på maven, forstået således: De løber 2 meter, lægger sig ned på ryggen, rejser sig igen – løber 2 meter, lægger sig ned på maven, rejser sig igen – løber 2 meter … og så videre.

Der løbes 1 gang frem og tilbage.

Løbe med retningsskifte

Organisering:
Spillerne starter ved siden af hinanden på række og skal arbejde cirka 20 meter frem og tilbage igen.

Forløb:
Spillerne løber fremad. Der løbes 4-5 skridt fremad, 4-5 skridt til højre, 4-5 skridt til venstre, 2-3 skridt baglæns, 4-5 skridt fremad, 4-5 skridt til højre – og så videre.

På tilbageturen "spoles baglæns"; det vil sige der løbes 4-5 skridt baglæns, 4-5 skridt til venstre, 4-5 skridt til højre, 2-3 skridt forlæns, 4-5 skridt baglæns, 4-5 skridt til venstre – og så videre.

Der løbes 2 gange frem og tilbage.

Løbe med skrå hop – 1

Organisering:
Spillerne starter ved siden af hinanden på række og skal arbejde cirka 20 meter frem og tilbage igen.

Forløb:
Spillerne løber og hopper fremad fra side til side – på ét ben: Der løbes et par meter, og hoppes så langt skråt fremad som muligt med landing på højre fod, hvorefter der hoppes så langt skråt fremad som muligt med landing på venstre fod, løbes et par meter og så videre, så der hele tiden løbes og hoppes fra side til side med landing og afsæt på én fod for cirka hver anden meter.

Det er opvarmning, hvorfor der kun hoppes cirka 75-80 % af maksimum udad, altså ingen makismalbelastning i selve hoppet.

Der løbes/hoppes 2 gange frem og tilbage.

Løbe med skrå hop – 2

Organisering:
Spillerne starter ved siden af hinanden på række og skal arbejde cirka 20 meter frem og tilbage igen.

Forløb:
Spillerne løber og hopper baglæns fra side til side – på ét ben: Der løbes et par meter baglæns og hoppes så langt skråt baglæns som muligt med landing på højre fod, hvorefter der hoppes tilbage igen skråt baglæns så langt som muligt med landing på venstre fod, løbes et par meter baglæns igen og så videre, så der hele tiden løbes og hoppes baglæns fra side til side med landing og afsæt på én fod for hver anden meter.

Det er opvarmning, hvorfor der kun hoppes cirka 75-80 % af maksimum udad, altså ingen makismalbelastning i selve hoppet.

Der løbes/hoppes 2 gange frem og tilbage.

Løbe og hoppe med samlede ben

Organisering:
Spillerne starter ved siden af hinanden på række og skal arbejde cirka 20 meter frem og tilbage igen.

Forløb:
Spillerne løber 4-5 skridt fremad, hvorefter der hoppes så højt som muligt med samlede ben og strakte arme.

På tilbageturen løbes baglæns, mens der hoppes på tilsvarende måde.

Der løbes/hoppes 2 gange frem og tilbage.

Opvarmning med bold – 1

Organisering:
Spillerne skal bruge en bold hver. De starter ved siden af hinanden på række og skal arbejde cirka 20 meter frem og tilbage igen.

Forløb:
Hver sekvens gennemføres med løb frem-tilbage.

- Spillerne løber almindeligt, mens de kaster bolden et par meter op i luften og griber den igen – der kastes med tohåndskast.
- Spillerne løber baglæns, mens de kaster bolden et par meter op i luften og griber den igen – der kastes med tohåndskast.
- Spillerne løber med høje knæløft, mens de kaster bolden op i luften og griber den igen – der kastes med tohåndskast.
- Spillerne løber med hælspark, mens de kaster bolden op i luften og griber den igen – der kastes med tohåndskast.
- Spillerne løber almindeligt, mens de kaster bolden et par meter op i luften; de skal hoppe op og gribe bolden med strakte arme så højt oppe som muligt.
- Spillerne kaster bolden svagt op og fremad, spurter frem og griber den igen – kaster igen og så videre.
- Spillerne løber almindeligt, mens de kaster bolden fra den ene til den anden hånd, mens de løber. Armene skal være strakt foran kroppen.
- Spillerne løber baglæns, mens de kaster bolden fra den ene til den anden hånd, mens de løber. Armene skal være strakt foran kroppen.
- Spillerne løber forlæns, mens de kaster bolden fra hånd til hånd – over hovedet. Det vil sige armene holdes strakt ud til siden fra kroppen.

Opvarmning med bold – 2

Organisering:
Spillerne er sammen i par. Hvert par skal bruge en bold. Spillerne fordeler sig med god plads i mellem sig stående overfor hinanden parvis.

Forløb:
Spillerne afleverer i par frem og tilbage til hinanden enten ved at kaste bolden eller spille den med fødderne.

Når bolden er afleveret, skal den afleverende spiller

- Ned på maven og op igen
- Ned på maven og tage et armstræk
- Ned på ryggen og op igen
- Ned på ryggen og tage en mavebøjning (med armene krydset ind over brystet og let bøjede ben)
- Hoppe så højt som muligt med samlede ben. Spilleren trækker benene op under sig og bruger armene til at "trække" sig op med i hoppet
- Hoppe fra ben til ben (start let bredstående)

Spilleren med bolden venter selvfølgelig med returaflevering, til den anden spiller er klar igen og parat til at modtage bolden retur.

Programmet gennemføres 1-3 omgange.

Opvarmning med løb – 1

Organisering:
Spillerne starter ved siden af hinanden på række og skal arbejde cirka 20 meter frem og tilbage igen.

Forløb:

- Spillerne småjogger frem og tilbage
- Spillerne løber almindeligt, mens armene svinges i store "møllesving"
- Spillerne løber almindeligt; der tages et højt knæløft med venstre ben for hvert 3. skridt
- Spillerne løber almindeligt; der tages et højt knæløft med højre ben for hvert 3. skridt
- Spillerne løber almindeligt; der tages et højt knæløft med venstre ben for hvert 3. skridt – højre arm svinges under hele løbet (hele vejen rundt)
- Spillerne løber almindeligt; der tages et højt knæløft med højre ben for hvert 3. skridt – venstre arm svinges under hele løbet (hele vejen rundt)
- Spillerne løber almindeligt; der laves et hælspark med venstre ben for hvert 3. skridt
- Spillerne løber almindeligt; der laves et hælspark med højre ben for hvert 3. skridt
- Spillerne løber almindeligt; der laves et hælspark med venstre ben for hvert 3. skridt – højre arm svinges under hele løbet (hele vejen rundt)
- Spillerne løber almindeligt; der laves et hælspark med højre ben for hvert 3. skridt – venstre arm svinges under hele løbet (hele vejen rundt)
- Spillerne løber almindeligt; der tages et højt knæløft, efterfulgt af et hælspark, med venstre ben for hvert 3. skridt
- Spillerne løber almindeligt; der tages et højt knæløft, efterfulgt af et hælspark, med højre ben for hvert 3. skridt
- Spillerne løber almindeligt; der tages et højt knæløft, efterfulgt af et hælspark, med venstre ben for hvert 3. skridt – højre arm svinges under hele løbet (hele vejen rundt)
- Spillerne løber almindeligt; der tages et højt knæløft, efterfulgt af et hælspark, med højre ben for hvert 3. skridt – venstre arm svinges under hele løbet (hele vejen rundt)

Opvarmning med løb – 2

Organisering:
Spillerne starter ved siden af hinanden på række og skal arbejde cirka 20 meter frem og tilbage igen.

Forløb:

- Spillerne småjogger frem og tilbage
- Spillerne løber gadedrengeløb forlæns, armene skal med, med tydelige, næsten overdrevne bevægelser
- Spillerne løber gadedrengeløb baglæns, armene skal med, med tydelige, næsten overdrevne bevægelser
- Spillerne løber almindeligt; der udføres almindelig 3-skridts-finte for cirka hver 2. meter
- Spillerne løber almindeligt; cirka for hver 3. meter udføres et hop med hel vending
- Spillerne løber almindeligt forlæns, mens begge arme svinges synkront
- Spillerne løber almindeligt forlæns, mens begge arme svinges asynkront
- Spillerne løber almindeligt baglæns, mens begge arme svinges synkront
- Spillerne løber almindeligt baglæns, mens begge arme svinges asynkront
- Spillerne løber almindeligt forlæns; cirka for hver 2. meter spurtes 2 meter, hvorefter der bremses op og forfra med løb – spurt
- Spillerne løber almindeligt baglæns; cirka for hver 2. meter spurtes 2 meter, hvorefter der bremses op og forfra med løb – spurt
- Spillerne løber almindeligt forlæns, cirka for hver 2. meter springes langt til højre (sidelæns spring), hvorefter der fortsættes 2 m ligeud, springes langt til venstre og så videre

- Spillerne løber almindeligt fremad med armene bagud ud til siden og med let ("aerodynamisk") buk fremover i overkrop, mens de løber zigzag og forestiller sig, at de er flyvere
- Spillerne løber med lange, næsten hoppende skridt fremad (nærmest som ved 3-spring)

Opvarmning med små håndvægte

Organisering:
Hver spiller skal bruge 2 små håndvægte på cirka ½ kg. Spillerne starter ved siden af hinanden på række og skal arbejde cirka 10 meter frem og tilbage igen.

Forløb:
Hver sekvens gennemføres med løb frem-tilbage.

- Spillerne løber almindeligt, mens de holder håndvægtene i strakte arme foran kroppen
- Spillerne løber med høje knæløft, mens de holder håndvægtene i strakte arme foran kroppen
- Spillerne løber med overdrevne hælspark (svagt fremadliggende i overkroppen), mens de holder håndvægtene i strakte arme foran kroppen
- Spillerne løber baglæns, mens de holder håndvægtene i strakte arme foran kroppen
- Spillerne løber almindeligt, mens de holder håndvægtene i strakte arme over hovedet
- Spillerne løber med høje knæløft, mens de holder håndvægtene i strakte arme over hovedet
- Spillerne løber med overdrevne hælspark (svagt fremadliggende i overkroppen), mens de holder håndvægtene i strakte arme over hovedet
- Spillerne løber baglæns, mens de holder håndvægtene i strakte arme over hovedet

- Spillerne løber almindeligt, mens de holder håndvægtene i strakte arme bag ryggen
- Spillerne løber med høje knæløft, mens de holder håndvægtene i strakte arme bag ryggen
- Spillerne løber med hælspark, mens de holder håndvægtene i strakte arme bag ryggen
- Spillerne løber baglæns, mens de holder håndvægtene i strakte arme bag ryggen

Sådan cirka lidt alternativt – 1

Organisering:
Spillerne arbejder sammen i par og skal arbejde cirka 20 meter frem og tilbage igen.

Forløb:

- Spillerne holder hinanden i hånden med "håndfæstning". De løber fremad, mens de snurrer rundt med hænderne som omdrejningspunkt ("karrusel")
- Spillerne holder hinanden i hånden med "håndfæstning". De løber fremad, mens de snurrer rundt og "skubber og hiver " i hinanden
- Spillerne løber side om side med armene om livet på hinanden – der løbes med gadedrengeløb
- Spillerne løber side om side med armene om livet på hinanden – der løbes med gadedrengeløb og i zigzag (3 skridt til venstre, 3 til højre og så videre)
- Spillerne løber side om side med armene om livet på hinanden – der løbes almindeligt med høje knæløftninger
- Spillerne løber side om side med armene om livet på hinanden – der løbes almindeligt med hælspark
- Spillerne løber side om side med armene om livet på hinanden – mens de svinger henholdsvis højre og venstre arm

- Spillerne løber side om side med armene om livet på hinanden – i forhold til deløvelse 7 bytter de side - mens de svinger henholdsvis højre og venstre arm (Spiller 1 svinger højre arm, Spiller 2 svinger venstre arm)
- Spillerne løber side om side med armene om livet på hinanden – der løbes sideløb 2-3 meter med front den ene vej, dreje og derefter 2-3 meter med front den anden vej

Sådan cirka lidt alternativt – 2

Organisering:
Spillerne arbejder sammen i par.

Hver øvelse gennemføres 45-60 sekunder.

Forløb:

- Spillerne står med front mod hinanden med hænderne på makkerens skulder. De laver hælspark (startende langsomt – arbejdende op i tempo)
- Spillerne ligger på maven med front mod hinanden (hoved mod hoved) – afstanden skal være så de kan "løfte sig op" og klappe hinanden i hænderne og ned. Albuerne må ikke berøre gulvet undervejs i øvelsen
- Spillerne ligger på maven med front mod hinanden (hoved mod hoved). De holder fast i hinanden ved håndfæstning (med strakte arme) og skal forsøge at trække hinanden til sig
- Spillerne står i håndstand og skal forsøge at slå makkeren over fingrene
- Spillerne står med front mod hinanden med hinanden i hænderne. De skal forsøge at træde hinanden over tæerne
- Spillerne står ryg mod ryg. De skal bukke sig og tage fat i hinanden med håndfæstning (mellem benene), og skal nu forsøge at trække hinanden "ind gennem egne ben"

- Spillerne står med siden til hinanden, mens de holder fast i hinanden med armkrog (Spiller 1's højre arm, Spiller 2's venstre arm) – nu skal de løbe rundt i karrusel forlæns (de skal langsomt arbejde sig op i fart)
- Spillerne står med siden til hinanden, mens de holder fast i hinanden med armkrog (Spiller 1's venstre arm, Spiller 2's højre arm) – nu skal de løbe rundt i karrusel forlæns (de skal langsomt arbejde sig op i fart)
- Spillerne står med siden til hinanden, mens de holder fast i hinanden med armkrog (Spiller 1's højre arm, Spiller 2's venstre arm) – nu skal de løbe rundt i karrusel baglæns (de skal langsomt arbejde sig op i fart)
- Spillerne står med siden til hinanden, mens de holder fast i hinanden med armkrog (Spiller 1's venstre arm, Spiller 2's højre arm) – nu skal de løbe rundt i karrusel baglæns (de skal langsomt arbejde sig op i fart)
- Spillerne står med ryggen til hinanden og holder fast i hinanden med armkrog. Spiller 1 skal nu bukke sig og trække Spiller 2 med "op på ryggen" og omvendt
- Spillerne skal hoppe ind i hinanden skulder mod skulder (fodboldtacklende) – de skifter skulder undervejs

Almen fysisk træning

Det er en påstand, jeg ved det, men ikke desto mindre vil jeg tillade mig at postulere, at de fleste sportsgrene, det være sig holdsport eller individuelle idrætter, ikke har udviklet sig ret meget de sidste år på det tekniske plan.

Til eksempel spilles håndbold og fodbold stort set efter de samme regler, med enkelte modifikationer (spil 7 mod 6 i håndbold og brugen af VAR – VideoAssistantReferee – i fodbold for eksempel), mens man i badminton har ændret lidt på hvor mange point man spiller til i et sæt. I beachvolley har man i mange år sørget for at minimere de kvindelige spilleres beklædning – som om det giver en spillemæssig udvikling…

Fælles er, at reglerne og måden spillet forvaltes på, stadig stort set er den samme…

Håndbold spilles stadig på en bane på 20 x 40 meter med to hold med hver 7 personer på banen og en bold. Fodbold ligeså. Banen er større og der er 11 på hvert hold. En badmintonkamp vindes stadig af den (eller de), der har vundet flest sæt – uanset om sættet er spillet til 21, 15 eller 11 point. Og i beachvolley skal man også stadig vinde flest sæt for at vinde kampene.

"Jo, men hvad med… " og "Det kan du da ikke mene"… Jeg indrømmer, at der sagtens kan findes undtagelser, men min påstand er malet med den absolut meget brede pensel og gælder generelt.

Og ja, selvfølgelig er der sket noget på det taktiske plan, og for enkelte idrætter også det materielle plan, men det er grundlæggende nogenlunde de samme virkemidler, der arbejdes med nu som tidligere.

Den helt store forskel på i går og i dag ligger på det fysiske område. Ved boldspil er spillerne blevet stærkere og hurtigere og magter at spille spillet i et anderledes højt tempo og med en anden råstyrke i dag, hvilket har tilført de forskellige spil helt nye dimensioner. En hånd-boldspiller kan hoppe højere, en fodboldspiller kan løbe solen sort, en volleyballspiller kan smashe hårdere og så videre… Jeg kunne blive ved.

Og præcis det samme gør sig gældende i de individuelle idrætter. I at-letik, skydning, boksning, brydning – nævn selv flere.

Dette skyldes i høj grad, at den fysiske træning er opprioriteret på stort set alle niveauer – i dag er det en uadskillelig del af næsten enhver sport at træne fysisk – for jo bedre fysisk form idrætsudøveren er i, jo mere forøges muligheden for succes.

Arm og skulder

Organisering:
Øvelsen udføres bedst på en rullemåtte, men kan også udføres på et almindeligt halgulv. Hvis øvelsen udføres på en måtte, skal spillerne tage skoene (og gerne strømperne) af. Hvis øvelsen udføres på halgulv uden måtte, er det en fordel for spillerne at beholde skoene på.

Forløb:

- Spilleren står i håndstand ved siden af måtten; hænderne holdes på måtten, fødderne på gulvet. Spilleren går sidelæns ned langs måtten (en spiller på hver side af måtten) med både arme og ben
- Spilleren står i håndstand ved siden af måtten; hænderne holdes på måtten, fødderne på gulvet. Spilleren går sidelæns ned langs måtten (en spiller på hver side af måtten) – der gås med armene, mens benene flyttes ved at "hoppe sidelæns"

Armstræk

Forløb:
Almindelige armstræk – husk at holde hænderne (så vidt muligt) parallelle i skulderbredde.

Armstræk med klap

Forløb:
Spilleren tager almindelige armstrækninger. For hver anden armstrækning, sætter spilleren kraftigt af og klapper i hænderne over gulvet. Øvelsen styrker den eksplosive muskelstyrke i armene og kan være meget krævende. Det er vigtigt, at spilleren holder kropsspændingen og ikke svajer i ryggen.

Armgang over stepbænk

Organisering
Hver spiller skal bruge en stepbænk.

Forløb:
Spilleren placerer sig ved den korte ende af stepbænken. Udgangsstillingen er som til armstræk. Hun skal gå over stepbænken med hænderne. Starter hun med venstre side mod stepbænken, sætter hun først venstre hånd op på den – flytter højre op, mens hun rykker venstre sidelæns – sætter venstre ned på den anden side, mens hun rykker højre sidelæns på stepbænken – flytter venstre sidelæns på gulvet og flytter højre ned.

Mens hun går over, flytter hun fødderne med sidelæns med små "skridt".

Derefter forfra modsatte vej.

Variation:
Samme øvelse, men hun starter med fødderne midt for stepbænken. Det vil sige i en skrå stilling i forhold til stepbænken. Fødderne holdes stille uden udførelses af øvelsen, som i øvrigt sker som den oprindelige.

Armstræk på stepbænk – 1

Organisering
Hver spiller skal bruge en stepbænk. Der kan ligeledes benyttes gymnastikbænke. Hvis der benyttes gymnastikbænke, kan 2 arbejde samtidig på én.

Forløb:
Spilleren placeres sig som til armstræk med fødderne på step-/gymnastikbænken. Med fødderne på step-/gymnastikbænken tages armstræk.

Variation:
Der tages armstræk med én arm. Et antal med venstre og et antal med højre.

Armstræk på stepbænk – 2

Organisering
Hver spiller skal bruge en stepbænk.

Forløb:
Spilleren placerer sig ved den korte ende af stepbænken. Hun placerer den ene hånd på bænken og den anden i gulvet. Herefter tages armstræk.

Husk at bytte arm.

Armstræk – skrå

Forløb:
Spilleren ligger som til almindelige armstrækninger. Hænderne placeres således, at den ene hånd ligger foran skulderen, og den anden hånd ligger bag skulderen.

Armstræk – smalle

Forløb:
Spilleren ligger som til almindelige armstrækninger, men med smal håndstilling – jo smallere des vanskeligere! Spilleren kan eventuelt "arbejde" sin håndstilling indad ved flere repetitioner af øvelsen.

Benløft med stol

Organisering:
Hver spiller skal bruge en stol, skammel eller anden form for fast for-højning.

Forløb:
Lig på siden på gulvet – eventuelt på en måtte – med begge fødder på stolen. Pres fødderne ned i stolen, således at kroppen hæves fra gulvet – benene skal holdes strakte. Løft langsomt det øverste ben – strakt – så højt op som muligt og sænk det igen. Sænk kroppen ned på gulvet. Pres igen fødderne ned i stolen – hæv kroppen fra gulvet – løft langsomt benet igen – og så videre. Kør øvelsen færdig, liggende på den ene side, inden der skiftes til den anden side.

Boldfumleren

Organisering:
Spilleren skal bruge en bold.

Forløb:
Spilleren står med overkroppen bøjet fremover med bolden i armene foran kroppen (mellem benene). Spilleren skal slippe bolden, springe fremad og gribe bolden bag kroppen – og omvendt (slippe bolden bag kroppen, gribe den foran kroppen).

Bug (frisbee'en)

Forløb:
Spilleren ligger på ryggen med strakte arme og ben. Ryggen krummes (arme og ben løftes) så kroppen danner en frisbee. Stillingen holdes i 10-15 sekunder, hvorefter der slappes af.

Cirkelgang

Organisering:
Spilleren skal bruge en bold.

Forløb:
Spilleren står som ved armstræk, dog skal fødderne hvile på bolden (vristen). Spilleren skal "gå" en omgang i håndstand, med bolden som centrum i cirklen.

Det risler ned ad ryggen – 1

Organisering:
Spilleren skal bruge en bold.

Forløb:
Spilleren står med bolden i strakte arme over hovedet, slipper bolden bagover ned ad ryggen og griber den bag om ryggen lige over bagdelen.

Det risler ned ad ryggen – 2

Organisering:
Spilleren skal bruge en bold.

Forløb:
Spilleren står med bolden i strakte arme over hovedet, slipper bolden bagover ned ad ryggen og bukker sig ned og griber den mellem benene, lige inde den rammer gulvet. – pas på med at bukke for tidligt...

Elevatoren

Organisering:
Spilleren skal bruge en bold.

Forløb:
Spilleren sidder på bagdelen med hænderne strakt bagud. Benene er løftet, så underbenene er vandrette. Bolden rulles frem og tilbage fra knæ til fødder ved at bøje og strække benene (hæve og sænke).

Fremadhoppende sprællemand

Forløb:
Spilleren hopper fremad, mens hun laver sprællemandshop; der hoppes fremad mens arme og ben skiftevis samles og spredes (arme og ben arbejder synkront, så når benene er spredte, er armene også – og omvendt).

Udgangspositionen er stående på samlede ben med armene hængende ned langs siden.

Der hoppes 15-20 meter fremad og tilbage igen.

Variation:
- Der kan eventuelt hoppes baglæns tilbage
- Prøv at lave øvelsen asynkront (så er det ikke en sprællemand – men alligevel…). Når ben er spredt, holdes armene ned langs siden, når armene er oppe i vandret, er benene samlet… og så videre.

Haseløft

Forløb:
Spilleren ligger på gulvet med hælene på en bænk eller lignende. Hun løfter bagdelen og sænker den igen uden at røre gulvet. Øvelsen kan eventuelt udføres med kun én hæl på bænken ad gangen og det frie ben i lodret position. Øvelsens sværhedsgrad øges, jo mere knæet strækkes.

Hop med knæoptræk

Organisering:
Øvelsen udføres bedst på en rullemåtte, men kan også udføres på et almindeligt halgulv. Hvis øvelsen udføres på en måtte, skal spillerne tage skoene (og gerne strømperne) af. Hvis øvelsen udføres på halgulv uden måtte, er det en fordel for spillerne at beholde skoene på.

Forløb:

1. *Hop med knæoptræk*
Hop tre hop på stedet med samlede ben, hvor spilleren trækker knæene op under sig.

2. *Hop med knæooptræk + 1 ben bagud*
Hop 1 hop på stedet med samlede ben, hvor spilleren trækker knæene op under sig, og 1 hop hvor et ben føres bagud og armene tages med i en krydsbevægelse (den andet ben holdes strakt nedad). Gentages 3 gange med venstre ben bagud og 3 med højre.

3. *Hop med knæooptræk + begge ben bagud*
Hop 1 hop på stedet med samlede ben, hvor spilleren trækker knæene op under sig, og 1 hop hvor begge ben føres bagud og armene tages med i en krydsbevægelse. Gentages 5 gange.

Hop på et ben med stol

Organisering:
Hver spiller skal bruge en stol, skammel eller anden form for fast forhøjning.

Forløb:
Stå på et ben – knæ og tæer skal pege lige fremad (under hele øvelsen). Støt det andet bens fod på en stol, der står bagved. Armene skal blot hænge løst ned langs siden. Bøj en smule ned i hofte og knæ (på standbenet). Hop så højt lige opad som muligt, uden at løfte foden fra stolen. Byt ben og gentag.

Hækkeløberen

Organisering:
Spilleren skal bruge en bold.

Forløb:
Spilleren sidder med det ene ben strakt ud foran sig, det andet strakt bagud – som en hækkeløber, der springer over en hæk. Bolden placeres under forreste fod, og spilleren skal nu "rulle" frem over bolden, så den flyttes fra forreste til bagerste fod.

Kaproning

Forløb:
Spilleren sidder på bagdelen med benene let bøjede, fødderne i gulvet og armene løftet. Hun skal nu med fødderne trække sig fremad (med bittesmå skridt).

Af hensyn til den ønskede effekt kan man gentage den flere gange, blot skal man være opmærksom på at den kan være belastende for knæene. Det er vigtigt, at der ikke vrikkes og vrides i knæ og hofte.

Variation:
Hold hænderne på knæene i stedet.

Knæbøjning på et ben

Forløb:
Stå på et ben – knæ og fod skal pege lige fremad (under hele øvelsen). Det andet ben holdes strakt fremad så højt over gulvet som muligt. Armene holdes samlet, strakt skråt nedad foran kroppen under hele øvelsen. Gå forsigtigt og langsomt så langt ned i knæ med standbenet som muligt - og op igen. Herefter skiftes ben og øvelsen gentages.

Kosakdans

Organisering:
Spilleren skal bruge en bold.

Forløb:
Spilleren støtter på bolden med hænderne strakt bagud. Bagdelen et godt stykke over gulvet, benene bøjet i knæleddet. Spilleren skal skiftevis løfte og strække højre og venstre ben.

Krabben

Organisering:
Spilleren skal bruge en bold.

Forløb:

Spilleren sidder i "krabbeposition"; støttende på hænder bagud, med bagdelen hævet over gulvet. Benene er bøjet i knæleddet og fødderne hviler på bolden. Spilleren skal nu rulle bolden fremad med fødderne, så benene strækkes og bagdelen næsten når ned at berøre gulvet. Herefter rulles tilbage til udgangsstillingen og forfra.

Lounges

Forløb:

Spilleren stiller sig med let spredte ben (cirka en skulderbrede mellem fødderne). Hun laver et fremfald på det ene ben (tager et langt skridt fremad), idet hun fører det bagerste knæ ned mod gulvet (afstand fra knæ til gulv cirka 5 cm). Ryggen holdes ret og armene holdes op, ud til siden (som en målvogters udgangsstilling med 90 grader buk i albue). Hun støder fra med den forreste fod (den, der er fremme i det lange skridt) og går tilbage i udgangspositionen. Herefter samme øvelse med det modsatte ben.

Lægløft

Forløb:

Spilleren står med fødderne i skulderbreddes afstand. Hælene hæves og sænkes mest muligt uden at røre gulvet. Øvelsen kan eventuelt udføres på et trappetrin, hvor kun forfoden støtter.

Lår – 1

Forløb:

Spilleren står med armene strakt lige frem; fødderne skal være parallelle. Hun skal gå så langt ned i knæ som muligt og op igen. Øvelsen gentages 8 gange.

Øvelsen kan eventuelt gennemføres med vægte, således at spilleren holder 2 håndvægte eller en taske med indhold i de strakte arme. Vægten skal selvfølgelig afpasses niveau - men ikke for tung. Det må ikke blive en belastning for spilleren, så hun ikke kan udføre øvelsen teknisk korrekt.

Lår – 2

Forløb:
Spilleren står med armene strakt over hovedet i let bredstående (skulderbredde); fødder skal være parallelle. Hun skal gå så langt ned i knæ som muligt og op igen.

Øvelsen kan eventuelt gennemføres med vægtstang. Vægten skal selvfølgelig afpasses niveau - men ikke for tung. Det må ikke blive en belastning for spilleren, så hun ikke kan udføre øvelsen teknisk korrekt.

Lår – baglår

Forløb:
Spilleren ligger på ryggen med benene bøjede og fødderne i gulvet. Hun kan ligge på et håndklæde, en sammenfoldet overtræksvest eller lignende. Hun hæver kroppen, så der kun støttes på skuldre og fødder. Herefter strækkes og bøjes benene skiftevis.

Øvelsen kan gøres vanskeligere ved at løfte det ene ben fri af gulvet (strækkes i knæled), så der kun arbejdes med et ben ad gangen.

Mave

Forløb:

1. Mave – skrå til venstre
Spilleren ligger på ryggen med bøjede ben – hun holder hænderne bag nakken. Spilleren skal sætte sig op og i den opadgående bevægelse dreje overkroppen mod venstre (fødderne holdes i gulvet under hele øvelsen).

2. Mave – skrå til højre
Spilleren ligger på ryggen med bøjede ben – hun holder hænderne bag nakken. Spilleren skal sætte sig op og i den opadgående bevægelse dreje overkroppen mod højre (fødderne holdes i gulvet under hele øvelsen).

Parøvelse – armstræk, alternative – 1

Forløb:
Den ene spiller tager armstræk, mens den anden ligger på ryggen og støtter hendes ben ved at holde hendes underben. Spillerne ligger forskudt for hinanden.

Der tages
- 10 armstræk, hvorefter der byttes
- 6 armstræk, hvorefter der byttes
- 2 armstræk, hvorefter der byttes

Parøvelse – armstræk, alternative – 2

Forløb:
Den ene spiller lægger sig på gulvet, den anden stiller sig ved hendes hoved. Spilleren på gulvet bøjer let i benene og holder sine arme, som om hun vil tage armstræk opad. Den stående spiller læner sig ind over

den liggende, ligeledes med armene bøjet, som om hun vil tage arm-stræk. Hun holder så vidt muligt sine ben strakt. Hun skal "låse" sin arme i samme stilling (hun skal ikke bøje/strække).

Spilleren på gulvet udfører nu armstræk med den stående spiller som "vægt".

Hun tager 8 armstræk, hvorefter der byttes.

Dernæst tages 5 og 3 på samme måde. Altså tre omgange til hver med henholdsvis 8, 5 og 3 armstræk.

Parøvelse – armstræk, alternative – 3

Forløb:
Den ene spiller lægger sig på gulvet, den anden stiller sig ved hendes hoved. Spilleren på gulvet bøjer let i benene og holder sine arme som om hun vil tage armstræk opad. Den stående spiller læner sig ind over den liggende, ligeledes med armene bøjet, som om hun vil tage arm-stræk. Hun holder så vidt muligt sine ben strakt. Hun skal "fiksere" sin arme i samme stilling. Hun holder den liggende spiller på hendes knæ. I det den stående spiller lægger sig hen over den liggende spiller, tager den liggende spiller fat i den stående spillers knæ, alternativt lår. Det er vigtigt at hun ikke tager fat under knæene, dels af hensyn til belast-ningen, dels så den øverste spiller ikke "bukker" sammen i sine knæ undervejs i øvelsen.

Spilleren på gulvet udfører nu armstræk med den stående/liggende spiller som "vægt".

Hun tager 6 armstræk, hvorefter der byttes.

Dernæst tages 4 og 2 på samme måde. Altså tre omgange til hver med henholdsvis 6, 4 og 2 armstræk.

Parøvelse – armstræk, eksplosionsarmstræk

Forløb:
Spiller 1 stiller sig som ved almindelige armstræk. Alt efter niveau støttes på enten fødder eller knæ. Hun sætter af med armene ved at strække dem eksplosivt, så hænderne slipper gulvet (der støttes kun på fødder, alternativt knæ). Efter landing sættes af igen i en glidende bevægelse, så der ikke pauses imellem hver armstæk. Efter rette antal repetitioner byttes med Spiller 2, der herefter arbejder, mens Spiller 1 holder pause.

Øvelsen gennemføres fire gange: Med 10, med 8, med 6 og med 4 gentagelser. Når Spiller 1 har taget 10 eksplosionsarmstræk, tager Spiller 2 10 – herefter tager Spiller 1 8 og så videre.

Parøvelse – armstræk, firepositionsarmstræk

Forløb:
Spiller 1 tager 6 armstræk med hænderne placeret smalt, med hænderne placeret bredt og med hænderne placeret diagonalt (højre foran, venstre bagud) og omvendt. Herefter gør Spiller 2 det samme, mens Spiller 1 holder pause. Spiller 1 fortsætter med 4 armstræk i de fire forskellige positioner – og så videre…

Øvelsen gennemføres 3 gange. Med 6, 4 og 2 gentagelser. Når Spiller 1 har gennemført med 6 gentagelser, gennemfører Spiller 2 med 6 – herefter Spiller 1 med 4 og så videre.

Parøvelse – armstræk med sidebevægelse

Forløb:
Spiller 1 tager 5 almindelige armstræk – går 5 "skridt" sidelæns på hænder og fødder (flyttes samtidig) – tager 5 armstræk igen og "går" tilbage

til udgangspositionen, hvor der atter tages 5 armstræk. Herefter gennemfører Spiller 2 samme øvelse, mens Spiller 1 holder pause. Spiller 1 forsætter efterfølgende med 3 armstræk – og så videre.

Øvelsen gentages tre gange: Med 6, 4 og 2 gentagelser. Når Spiller 1 har gennemført med 6 gentagelser, gennemfører Spiller 2 med 6 – herefter Spiller 1 med 4 og så videre.

Parøvelse – benpres, alternativ

Forløb:
Den ene spiller lægger sig på ryggen med hænderne bag nakken. Hun bøjer sine ben, som om hun sidder på en stol. Den anden spiller står med ryggen til hende. Den liggende spiller placerer sine fødder på hendes bagdel idet den stående spiller "sætter" sig forsigtigt på dem. Den liggende Spiller bøjer forsigtigt i knæene (nedad) og skubber opad igen. Langsomme bevægelser, ingen voldsomme ryk.

Øvelsen gennemføres med 6 gange ned/op. Herefter byttes.

Dernæst tages 3. Altså to omgange til hver med henholdsvis 6 og 3 ned/op.

Parøvelse – brudeparret – 1

Forløb:
Spiller 1 skal bære Spiller 2 tre meter frem og tre meter tilbage igen. Spiller 1 skal gå sidelæns. Hun bærer hende i armene; holder hende foran sig som ... "når brudgommen bærer bruden over dørtærsklen".

Herefter byttes, så Spiller 2 bærer Spiller 1.

Parøvelse – brudeparret – 2

Forløb:
Spiller 1 skal bære Spiller 2 tre meter frem og tre meter tilbage. Spiller 1 skal bære hende forlæns fremad og baglæns tilbage. Hun bærer hende i armene; holder hende foran sig som … "når brudgommen bærer bruden over dørtærsklen".

Herefter byttes, så Spiller 2 bærer Spiller 1.

Parøvelse – bukseløftet

Forløb:
Spiller 1 og Spiller 2 står overfor hinanden med et fast greb i hinandens buksekant. Det gælder om at tippe hinanden ud af balance ved at løfte op i buksekanten – bukserne må ikke trækkes ned!

Parøvelse – drop ben, på ryggen

Forløb:
Den arbejdende spiller ligger på ryggen, støttende på albuerne – hun ligger med samlede ben og spænder i kroppen. Makkeren sidder ved fødderne – løfter hendes ben 25-30 cm op i luften og "dropper" på skift det venstre og det højre (ikke nødvendigvis skiftevis højre-venstre-højre-venstre). Den arbejdende spiller skal holde igen i faldet, så benet ikke tabes for langt.

Parøvelse – drop ben, på maven

Forløb:
Den arbejdende spiller ligger på maven, støttende på albuerne – hun ligger med samlede ben og spænder i kroppen. Makkeren sidder ved fødderne – løfter hendes ben 25-30 cm op i luften og "dropper" på skift

det venstre og det højre (ikke nødvendigvis skiftevis højre-venstre-højre-venstre). Den arbejdende spiller skal holde igen i faldet, så benet ikke tabes for langt.

Parøvelse – fødder mod fødder

Forløb:
Spiller 1 og Spiller 2 sidder på enden med fødderne mod hinanden – fodsålerne er eneste kontaktpunkt. De må ikke støtte med hænderne, armene skal bruges som 'balancestænger'. Det gælder om at skubbe hinanden ud af balance med fødderne.

Parøvelse – hanekamp - 1

Forløb:
Spillerne skal hoppe (med samlede ben) ind i hinanden, uden at bruge armene, i runder af 30 sekunder.

- bryst mod bryst
- mave mod mave
- ryg mod ryg
- venstre skulder mod venstre skulder
- højre skulder mod højre skulder
- venstre skulder på Spiller 1 mod højre skulder på Spiller 2
- højre skulder på Spiller 1 mod venstre skulder på Spiller 2

Parøvelse – hanekamp - 2

Forløb:
Spiller 1 og Spiller 1 står på et ben skulder mod skulder. Det gælder om at skubbe hinanden ud af balance.

Parøvelse – haser

Forløb:
Den arbejdende spiller sidder på knæene med armene foldet over brystet. Makkeren skal med et greb om anklerne forsøge at holde hendes fødder mod gulvet. Den arbejdende spiller (den knæsiddende) skal læne sig stille og roligt, med spændt kropsstamme, fremover så lang som muligt. Når grænsen er nået, giver hun efter, lader sig falde forover og tager fra med hænderne.

Parøvelse – hiv'o'høj

Forløb:
Spiller 1 og Spiller 2 står overfor hinanden i let bredstående med armene strakt, mens de holder fast i hinanden med et solidt krydsgreb. Det gælder om at få makkeren ud af balance ved at skubbe og trække, uden at grebet slækkes.

Parøvelse – hoftebøjere, mave

Forløb:
Den arbejdende spiller ligger på ryggen på gulvet med benene i lodret position, makkeren står ved hendes ben. Hun trykker med et behersket skub den arbejdende spillers (den liggendes) ben mod gulvet. Denne skal forsøge at bremse bevægelsen.

Ved at variere retningen kan såvel de lige, som de skrå mavemuskler trænes.

Parøvelse – hofteskubbet

Forløb:
Spiller 1 og Spiller 2 står med siden til hinanden, front samme vej. Med hoften som eneste kontaktpunkt skal de skubbe til hinanden.

Parøvelse – hop med klap

Forløb:
Spillerne står overfor hinanden med front mod hinanden – med 40-50 cm imellem sig. Spillerne skal nu hoppe så højt de kan

- med samlede ben
- på venstre ben
- på højre ben

 og klappe hinanden i hænderne så højt oppe i luften som muligt (med strakte arme).

Parøvelse – hånd til hoved

Forløb:
Spiller 1 ligger fladt på ryggen med benene løftet op. Spiller 2 skal for-søge at berøre Spiller 1's hoved; Spiller 1 skal undvige ved at dreje rundt på ryggen og skubbe fra med fødderne – ikke sparke, men skubbe. Øvelsen gennemføres uden sko med bare fødder.

Parøvelse – håndbremsen – 1

Forløb:
Spiller 1 ligger fladt på gulvet. Spiller 2 ligger på knæ/står ved siden af hende med begge hænder på hendes ryg. Spiller 1 skal forsøge at rejse sig op i håndstand, mens Spiller 2 forsøger at holde hende nede. Spiller

2's modstand skal være "kontrolleret"; der må kun holdes igen med flad hånd og modstanden skal kun bremse, men ikke i den sidste ende forhindre Spiller 1 i at komme op i håndstand.

Parøvelse – håndbremsen – 2

Forløb:
Spiller 1 ligger på alle fire på gulvet. Spiller 2 ligger på knæ/står ved siden af hende med begge hænder på hendes ryg. Spiller 1 skal forsøge at rejse sig op, mens Spiller 2 forsøger at holde hende nede. Spiller 2's modstand skal være "kontrolleret"; der må kun holdes igen, så modstanden bremser, men ikke i den sidste ende forhindre Spiller 1 i at komme op.

Parøvelse – kast med strakt arm fra liggende

Organisering:
Hvert par skal bruge en bold.

Forløb:
Spiller 1 ligger på maven med den ene arm ud til siden. Med den anden arm afleverer hun med strakt arm bolden til Spiller 2, der triller den retur.

Øvelsen gentages med 3 x 8 afleveringer med hver hånd; hold kort pause mellem hver gentagelse. Spiller 1 afleverer eksempelvis med højre hånd 1 x 8, herefter afleverer Spiller 2 med højre 1 x 8 og herefter Spiller 1 igen – og så videre.

Parøvelse – klippen

Forløb:
Spiller 1 står på alle fire, fast som en klippe. Spiller 2 skal ved at skubbe til Spiller 1 forsøge at flytte hende. Alle kneb, undtagen at kilde, gælder.

Parøvelse – lægge arm

Forløb:
Spiller 1 og Spiller 2 ligger på maven med front mod hinanden og skal lægge arm.

Parøvelse – lægge ben

Forløb:
Spiller 1 og Spiller 2 ligger på ryggen med armene ud til siden, hofte mod hofte, med hovederne hver sin vej. Det ben, der vender ind mod makkerens, løftes til strakt og 'krydses' med makkerens ved foden/underbenet. Herefter lægges ben.

Parøvelse – løft foden

Forløb:
Spiller 1 og Spiller 2 står ved siden af hinanden med siden til. Fod mod fod (eksempelvis højre fod mod højre fod) med front hver sin vej. De holder hinanden i hånden. Den bagerste fod skal holdes i gulvet. Ved at trække og skubbe skal de forsøge at få makkeren til at løfte den bagerste fod.

Parøvelse – numseskubbet

Forløb:
Spiller 1 og Spiller 2 står med ryggen til hinanden, let foroverbøjet, med hænderne støttende på knæene. Med bagdelen som eneste kontaktpunkt skal de skubbe til hinanden.

Parøvelse – planken med bold – 1

Organisering:
Hvert par skal bruge to bolde.

Forløb:
De to spillere ligger i planke med strakte arme overfor hinanden (hoved mod hoved). Afstand cirka 2 meter.

Hver spillere har en bold ved højre hånd. På samme tid løfter de to spillere højre hånd og triller bolden over til makkerens venstre hånd. Øvelsen gentages hvor der trilles med venstre hånd til makkerens højre hånd – og så videre.

Øvelsen gentages med 8-10 trillebolde til hver hånd.

Husk at spillerne skal holde skuldre lige over hænder og der skal i udgangspositionen være en lige linje fra skulder til hæl. Ingen strittende bagdel eller hængende lænd.

Variation:
Øvelsen kan gøres mere udfordrende ved at spillerne skal løfte benet modsat den hånd, der trilles med (husk at det skal holdes strakt).

Parøvelse – piruetten

Forløb:
Spillerne står overfor hinanden på venstre ben og holder fast i hinandens strakte, højre ben. Spillerne hopper en omgang rundt i en cirkel, skifter ben (står på højre og holder fast i venstre), hopper en omgang og så videre.

Parøvelse – planken med bold – 2

Organisering:
Hvert par skal bruge en bold.

Forløb:
De to spillere ligger i planke med strakte arme ved siden af hinanden. Afstand ½-1 meter.

Den ene spiller har en bold ved den hånd, der er længst væk fra makkeren. Hun triller bolden sidelæns over til makkeren – hun bliver nødt til at løfte den "ikke boldførende hånd" for at bolden kan trille derover. Hendes makker skal ligeledes løfte hendes nærmeste hånd, så bolden kan trille hele vejen over til den fjerneste (i forhold til makkeren).

Herefter triller hun den tilbage. Efter 6-8 trillebolde, skiftes placering, så der trilles med modsatte hånd.

Starter den ene med at trille med venstre, forbi sin egen højre og makkerens venstre til makkerens højre hånd, skiftes så der trilles med højre, forbi sin egen venstre og makkerens højre til makkerens venstre hånd.

Husk at spillerne skal holde skuldre lige over hænder og der skal i udgangspositionen være en lige linje fra skulder til hæl. Ingen strittende bagdel eller hængende lænd.

Parøvelse – rap!

Forløb:
Spiller 1 og Spiller 2 står i håndstand (på tæer og håndflader) overfor hinanden. Det gælder om at give den anden et rap over fingrene (et let slag).

Parøvelse – ryg mod ryg

Forløb:
Spiller 1 og Spiller 2 står ryg mod ryg i armkrog. På signal skal de forsøge at presse den anden cirka 2 meter baglæns. Når den ene har skubbet den anden 2 meter tilbage, startes forfra. Skubbet skal ske "kontrolleret", det vil sige uden at bringe den anden i belastende positioner.

Parøvelse – rygskubbet

Forløb:
Spiller 1 og Spiller 2 sidder på gulvet med ryggen til hinanden, med let bøjede knæ og bagdelen hævet over gulvet. Der støttes på armene. Med ryggen som eneste kontaktpunkt skal de skubbe til hinanden.

Parøvelse – ryst fødderne

Forløb:
Spiller 1 støtter på albuerne, mens Spiller 2 holder omkring hendes ankler – cirka 30 cm. over gulvet. Spiller 1 skal "ryste" fødderne i forskellige retninger. Husk at holde skuldrene i den rigtige position imens.

Øvelsen gennemføres på tid.

Parøvelse – sideskubbet

Forløb:
Spiller 1 og Spiller 2 står på alle fire med siden til hinanden. Med siden som eneste kontaktpunkt skal de skubbe til hinanden.

Parøvelse – sidetrækket

Forløb:
Spiller 1 og Spiller 2 står helt tæt med ryggen til hinanden med armene låst i armkrog. De skal forsøge at trække hinanden til siden – ikke ved at bukke sig forover, men trække rundt.

Parøvelse – skulderskubbet

Forløb:
Spiller 1 og Spiller 2 står overfor hinanden i let bredstående med strakte arme og hænderne placeret på makkerens skuldre. Det gælder om at skubbe den anden ud af balance.

Parøvelse – snurrer ben

Forløb:
Spillerne ligger på ryggen med benene mod hinanden. Armene holdes ud til siden med bøjede albuer. Benene løftes og strækkes (godt op). Spillerne fører benene rundt om "hinandens ben" i store buer. Først 8 gange den ene vej, dernæst 8 gange den anden vej.

Øvelsen gentages med 6 og 3 "roteringer" – husk kort pause imellem hver omgang – således at der roteres 8, 6 og 3 gange hver vej.

Parøvelse – spændst, brystvendt

Organisering:
Øvelserne udføres bedst på en rullemåtte, men kan også udføres på et almindeligt halgulv. Hvis øvelserne udføres på en måtte, skal spillerne tage skoene (og gerne strømperne) af. Hvis øvelserne udføres på halgulv uden måtte, er det en fordel for spillerne at beholde skoene på.

Forløb:
Opstilling som til omvendt trillebørsøvelse (ryg mod gulvet). Makkeren står ved fødderne og slipper på skift en fod, og den arbejdende spiller (den liggende) skal så vidt muligt holde stillingen og bremse foden, inden den når gulvet. Først skiftevis, dernæst vilkårligt.

Parøvelse – spændst, rygvendt

Organisering:
Øvelserne udføres bedst på en rullemåtte, men kan også udføres på et almindeligt halgulv. Hvis øvelserne udføres på en måtte, skal spillerne tage skoene (og gerne strømperne) af. Hvis øvelserne udføres på halgulv uden måtte, er det en fordel for spillerne at beholde skoene på.

Opstilling som til trillebørsøvelse. Makkeren står ved fødderne og slipper på skift en fod, og den arbejdende spiller (den liggende) skal så vidt muligt holde stillingen og bremse foden, inden den når gulvet. Først skiftevis, dernæst vilkårligt.

Parøvelse – sugekoppen

Forløb:
Spiller 1 ligger fladt på maven på gulvet med armene ned langs siden. Hun skal forsøge at 'klistre' til gulvet. Spiller 2 skal forsøge at vende hende om på ryggen. Alle kneb, undtagen at kilde, gælder.

Parøvelse – trillebør, alternativ – 1

Organisering:
Hvert par skal bruge en lav plint eller stepbænk.

Forløb:
Den ene spiller holdes i trillebør. Hun starter med begge arme på plinten/stepbænken, mens den anden støtter hende. Hun "går" med hænderne ned og op, ned og op på plinten/stepbænken.

Husk ved trillebør at holde over den arbejdende spillers knæ af hensyn til belastning af hendes knæled.

Det er ved trillebørsøvelser altid den arbejdende spiller, der bestemmer tempoet!

Der "gås"
-    8 gange ned/op, hvorefter der byttes
-    6 gange ned/op, hvorefter der byttes
-    4 gange ned/op, hvorefter der byttes

Parøvelse – trillebør, alternativ – 2

Organisering:
Hvert par skal bruge en lav plint eller stepbænk.

Forløb:
Den ene spiller holdes i trillebør. Der arbejdes for enden af plinten/stepbænken. Hun starter med begge arme (hænder i gulvet) på den ene side af plinten/stepbænkens ende, mens den anden støtter hende. Hun "går" op på den og ned på den anden side af den[*]. Herefter den anden vej…

*) Hvis hun starter til venstre for plinten/stepbænken, så flytter hun først venstre hånd, så højre hånd op på plinten/stepbænkens ende. Derefter venstre hånd ned på den anden side, og så højre. Retur flytter hun tilsvarende første højre hånd op på plinten/stepbænken, derefter venstre og så videre.

Husk ved trillebør at holde over den arbejdende spillers knæ af hensyn til belastning af hendes knæled.

Det er ved trillebørsøvelser altid den arbejdende spiller, der bestemmer tempoet!

Der "gås"
- 8 gange frem og tilbage, hvorefter der byttes
- 6 gange frem og tilbage, hvorefter der byttes
- 4 gange frem og tilbage, hvorefter der byttes

1 gang = frem og tilbage til udgangspositionen.

Parøvelse – trillebør (den klassiske)

Organisering:
Øvelsen udføres bedst på en rullemåtte, men kan også udføres på et almindeligt halgulv. Hvis øvelsen udføres på en måtte, skal spillerne tage skoene (og gerne strømperne) af. Hvis øvelsen udføres på halgulv uden måtte, er det en fordel for spillerne at beholde skoene på. Udførelse på måtte skåner desuden spillernes håndled/håndrod.

Husk ved trillebør at holde over den arbejdende spillers knæ af hensyn til belastning af hendes knæled.

Det er ved trillebørsøvelser altid den arbejdende spiller, der bestemmer tempoet!

Forløb:
Trillebørsøvelse hvor makkeren holder lige over knæet. Den arbejdende spiller skal bestræbe sig på at holde kroppen strakt under gangen.

Parøvelse – trillebør "ind-ind-ud-ud-ned-ned"

Organisering:
Øvelsen udføres bedst på en rullemåtte, men kan også udføres på et almindeligt halgulv. Hvis øvelsen udføres på en måtte, skal spillerne tage skoene (og gerne strømperne) af. Hvis øvelsen udføres på halgulv uden måtte, er det en fordel for spillerne at beholde skoene på. Udførelse på måtte skåner desuden spillernes håndled/håndrod.

Husk ved trillebør at holde over den arbejdende spillers knæ af hensyn til belastning af hendes knæled.

Det er ved trillebørsøvelser altid den arbejdende spiller, der bestemmer tempoet!

Forløb:
Trillebørsøvelse, hvor den arbejdende spiller går 2 "skridt" med hænderne pegende udad, 2 med hænderne pegende indad og 2 på underarmene – og så videre.

Parøvelse – trillebør med armstrækninger – 1

Organisering:
Hvert par skal bruge en lav plint eller stepbænk.

Forløb:
Den ene spiller holdes i trillebør og tager armstræk på plinten/stepbænken, mens den anden støtter hende.

Husk ved trillebør at holde over den arbejdende spillers knæ af hensyn til belastning af hendes knæled.

Der tages
- 8 armstræk, hvorefter der byttes
- 5 armstræk, hvorefter der byttes
- 2 armstræk, hvorefter der byttes

Parøvelse – trillebør med armstrækninger – 2

Organisering:
Øvelsen udføres bedst på en rullemåtte, men kan også udføres på et almindeligt halgulv. Hvis øvelsen udføres på en måtte, skal spillerne tage skoene (og gerne strømperne) af. Hvis øvelsen udføres på halgulv uden måtte, er det en fordel for spillerne at beholde skoene på. Udførelse på måtte skåner desuden spillernes håndled/håndrod.

Husk ved trillebør at holde over den arbejdende spillers knæ af hensyn til belastning af hendes knæled.

Det er ved trillebørsøvelser altid den arbejdende spiller, der bestemmer tempoet!

Forløb:
Trillebørsøvelse med en armstrækning for hvert femte "skridt". Den stående skal følge den arbejdende makkers tempo.

Parøvelse – trillebør med crawl

Organisering:
Øvelsen udføres bedst på en rullemåtte, men kan også udføres på et almindeligt halgulv. Hvis øvelsen udføres på en måtte, skal spillerne tage skoene (og gerne strømperne) af. Hvis øvelsen udføres på halgulv

uden måtte, er det en fordel for spillerne at beholde skoene på. Udfø-
relse på måtte skåner desuden spillernes håndled/håndrod.

Husk ved trillebør at holde over den arbejdende spillers knæ af hensyn
til belastning af hendes knæled.

Det er ved trillebørsøvelser altid den arbejdende spiller, der bestemmer
tempoet!

Forløb:
Trillebørsøvelse, hvor den arbejdende spiller går fremad med over-
drevne armsving (crawlbevægelser) således at hun rører sin egen hofte
i armsvinget.

Parøvelse – trillebør med et ben

Organisering:
Øvelsen udføres bedst på en rullemåtte, men kan også udføres på et
almindeligt halgulv. Hvis øvelsen udføres på en måtte, skal spillerne
tage skoene (og gerne strømperne) af. Hvis øvelsen udføres på halgulv
uden måtte, er det en fordel for spillerne at beholde skoene på. Udfø-
relse på måtte skåner desuden spillernes håndled/håndrod.

Husk ved trillebør at holde over den arbejdende spillers knæ af hensyn
til belastning af hendes knæled.

Det er ved trillebørsøvelser altid den arbejdende spiller, der bestemmer
tempoet!

Forløb:
Trillebørsøvelse, hvor makkeren går ved siden af og kun holder fat i det
ene ben (husk at have fat over knæet). Det andet ben skal den arbej-
dende spiller selv holde strakt under hele øvelsen.

Parøvelse – trillebør "panden i gulvet"

Organisering:
Øvelsen udføres bedst på en rullemåtte, men kan også udføres på et almindeligt halgulv. Hvis øvelsen udføres på en måtte, skal spillerne tage skoene (og gerne strømperne) af. Hvis øvelsen udføres på halgulv uden måtte, er det en fordel for spillerne at beholde skoene på. Udførelse på måtte skåner desuden spillernes håndled/håndrod.

Husk ved trillebør at holde over den arbejdende spillers knæ af hensyn til belastning af hendes knæled.

Det er ved trillebørsøvelser altid den arbejdende spiller, der bestemmer tempoet!

Forløb:
Trillebørsøvelse, hvor den arbejdende Spiller 2erører gulvet med panden for hvert 4. "skridt" – og så videre.

Parøvelse – trillebør rygvendt

Organisering:
Øvelsen udføres bedst på en rullemåtte, men kan også udføres på et almindeligt halgulv. Hvis øvelsen udføres på en måtte, skal spillerne tage skoene (og gerne strømperne) af. Hvis øvelsen udføres på halgulv uden måtte, er det en fordel for spillerne at beholde skoene på. Udførelse på måtte skåner desuden spillernes håndled/håndrod.

Husk ved trillebør at holde over den arbejdende spillers knæ af hensyn til belastning af hendes knæled.

Det er ved trillebørsøvelser altid den arbejdende spiller, der bestemmer tempoet!

Forløb:
"Omvendt" trillebørsøvelse, hvor den arbejdende spiller har ryggen, i stedet for maven, vendt mod gulvet. Den arbejdende spiller skal bestræbe sig på at holde kroppen strakt - og det er ikke let!

Parøvelse – trillebør sidelæns

Organisering:
Øvelsen udføres bedst på en rullemåtte, men kan også udføres på et almindeligt halgulv. Hvis øvelsen udføres på en måtte, skal spillerne tage skoene (og gerne strømperne) af. Hvis øvelsen udføres på halgulv uden måtte, er det en fordel for spillerne at beholde skoene på. Udførelse på måtte skåner desuden spillernes håndled/håndrod.

Husk ved trillebør at holde over den arbejdende spillers knæ af hensyn til belastning af hendes knæled.

Det er ved trillebørsøvelser altid den arbejdende spiller, der bestemmer tempoet!

Forløb:
Trillebørsøvelse, hvor den arbejdende spiller går sidelæns i stedet for fremad.

Parøvelse – trillebørsbold

Organisering:
Hvert par skal bruge en bold

Forløb:
Den ene spiller holder den anden i "trillebør" – husk at holde over knæ (på lår), så der ikke bukkes/belastes unødigt i knæ. Den spiller, der er trillebør, triller en bold foran sig. Hun går cirka 10 meter – så bytter de rolle. Dette gentages 2-3 gange.

Det er ved trillebørsøvelser altid den arbejdende spiller, der bestemmer tempoet!

Parøvelse – trillebør uden hjælp

Organisering:
Øvelsen udføres bedst på en rullemåtte, men kan også udføres på et almindeligt halgulv. Hvis øvelsen udføres på en måtte, skal spillerne tage skoene (og gerne strømperne) af. Hvis øvelsen udføres på halgulv uden måtte, er det en fordel for spillerne at beholde skoene på. Udførelse på måtte skåner desuden spillernes håndled/håndrod.

Husk ved trillebør at holde over den arbejdende spillers knæ af hensyn til belastning af hendes knæled.

Det er ved trillebørsøvelser altid den arbejdende spiller, der bestemmer tempoet!

Forløb:
Trillebørsøvelse i en krævende udformning, hvor makkeren kun yder meget beskeden hjælp. Den arbejdende spiller klemmer fødderne sammen om makkerens hofter; makkeren holder slet ikke/kun i beskedent omfang fat i den arbejdende spillers ben. Udfordringen for den arbejdende spiller er at klemme benene tilstrækkeligt hårdt sammen over makkerens hofter til selv at kunne holde benene under gangen fremad. Øvelsen er derfor særligt god til at styrke indadførerne/lysken.

Parøvelse - træet

Forløb:
Spiller 1 står i let bredstående med fødderne let forskudt – fast som et træ, plantet i mulden. Spiller 2 skal forsøge at få Spiller 1 til at flytte fødderne ved at hoppe ind i hende, bryst mod bryst. Hun må ikke

bruge armene, kun til at holde balancen med, ikke til at skubbe med, ligesom Spiller 1 ikke må værge for sig med armene.

Pilatesbold - armstræk

Organisering:
Hver spiller skal bruge en stor pilatesbold, der passer i størrelse til spilleren:
- 55 cm til personer under 155 cm
- 65 cm til personer under 175 cm
- 75 cm til personer over 175 cm

Hvis der ikke er en bold til hver spiller, kan de eventuelt arbejde sammen i par eller små hold. Blot ikke for mange af hensyn til ventetid.

Forløb:
Spilleren udfører armstræk, mens de hviler lårene på pilatesbolden.

Pilatesbold - rulle

Organisering:
Hver spiller skal bruge en stor pilatesbold, der passer i størrelse til spilleren:
- 55 cm til personer under 155 cm
- 65 cm til personer under 175 cm
- 75 cm til personer over 175 cm

Hvis der ikke er en bold til hver spiller, kan de eventuelt arbejde sammen i par eller små hold. Blot ikke for mange af hensyn til ventetid.

Forløb:
Spilleren starter liggende som ved armstræk (se "125: Pilatesbold – armstræk", ovenfor), men i stedet for armstræk skal hun "rulle" på bolden ved at gå fremad (og tilbage) med armene, så bolden flyttes fra

frem og tilbage under hende (fra mave til fødder). Hun skal holde krop-pen strakt under hele øvelsen.

Planken

Forløb:
Spilleren ligger hvilende på underarme og tæer på halgulvet. Der skal være en lige linje fra skulder til hæl. Hold kroppen helt stille.

Stillingen holdes i 20-30 sekunder.

Planken hvor fod føres til hånd

Forløb:
Spilleren ligger i planke med let bredstående armstilling. Hun fører venstre fod op til venstre hånd, dernæst højre fod til højre hånd samti-dig med at venstre føres tilbage – og så videre. Med andre ord hun "hopper" frem og tilbage med fødderne skiftevis højre til højre og ven-stre til venstre.

Arm og ben holdes strakte i forløbet.

Der arbejdes enten med et fast antal gange "fod-til-hånd" – eller på tid.

Husk at der i udgangspositionen skal være en lige linje fra skulder til hæl. Ingen strittende bagdel eller hængende lænd.

Planken med almindeligt krydsløft

Forløb:
Spilleren ligger i planke med strakte arme. Hun løfter samtidig venstre arm og højre fod fra halgulvet – holder denne stilling mens hun tæller langsomt til 10 og går derefter tilbage i planke. Herefter løfter hun på

samme måde højre arm og venstre fod og tæller langsomt til 10, inden hun sætter dem i gulvet igen.

Arm og ben holdes strakte i løftet.

Husk at spillerne skal holde skuldre lige over hænder og der skal i udgangspositionen være en lige linje fra skulder til hæl. Ingen strittende bagdel eller hængende lænd.

Planken med benløft

Forløb:
I eksemplet løfter spilleren venstre ben. Øvelsen gennemføres med løft af begge ben.

Spilleren ligger hvilende på underarme og tæer på halgulvet. Der skal være en lige linje fra skulder til hæl. Hold kroppen helt stille. Højre ben løftes så højt som muligt.

Stillingen holdes i 20-30 sekunder, hvorefter der pauses. Herefter udføres samme med venstre ben.

Planken med hofteoptræk

Forløb:
Spilleren ligger i planke hvilende på albuerne. Hun laver først hofteoptræk til venstre, dernæst til højre. Hofteoptrækket holdes i 2-3 sekunder, hvorefter der langsomt gås tilbage i planke og forfra med det andet ben.

Husk at spillerne skal holde skuldre lige over hænder og der skal i udgangspositionen være en lige linje fra skulder til hæl. Ingen strittende bagdel eller hængende lænd.

Planken med krydsløft hvor fod og hånd mødes under kroppen

Forløb:
Spilleren ligger i planke med strakte arme. Hun løfter samtidig venstre arm og højre fod fra halgulvet og lader venstre hånd rører højre fod under hendes krop – holder denne stilling mens hun tæller langsomt til 10 og går derefter tilbage i planke. Herefter løfter hun på samme måde højre arm og venstre fod, lader højre hånd rører venstre fod under kroppen og tæller langsomt til 10, inden hun sætter dem i gulvet igen.

Husk at spillerne skal holde skuldre lige over hænder og der skal i udgangspositionen være en lige linje fra skulder til hæl. Ingen strittende bagdel eller hængende lænd.

Planken – sideplanken

Forløb:
I eksemplet ligger spilleren på venstre arm. Øvelsen gennemføres liggende på begge arme.

Spilleren ligger på siden, hvilende på venstre underarm og med venstre fod på halgulvet. Der skal være en lige linje fra skulder til fod. Hold kroppen helt stille.

Stillingen holdes i 20-30 sekunder.

Planken – sideplanken med aflevering – 1

Organisering:
Hvert par skal bruge en bold.

Forløb:
De to spillere ligger i sideplanke med front mod hinanden. Afstand cirka 1½ - 2 meter.

Den ene spiller har en bold i den hånd, hun ikke støtter på. Bolden afleveres frem og tilbage med de fri hænder.

Øvelsen gentages med et antal kast til hver hånd (antal afhænger af niveau). Det betyder at der undervejs skiftes position, så der støttes på den anden arm.

Eksempel:
Spiller 1 støtter på venstre hånd, og kaster med højre hånd til Spiller 2, der støtter på højre hånd og griber/returnere med venstre hånd. Efter det valgte antal kast skifter de plads, så Spiller 2 nu støtter på venstre hånd og kaster med højre, mens Spiller 1 støtter på højre hånd og kaster med venstre.

Husk at der i udgangspositionen skal være en lige linje fra skulder til ankel. Hoften må hverken løftes eller "hænge".

Variation:
Øvelsen kan gøres mere udfordrende ved at spillerne skal løfte det øverste ben (det, der ikke støttes på) 15-20 cm (strakt) mens de kaster.

Planken – sideplanken med aflevering – 2

Organisering:
Hvert par skal bruge en bold.

Forløb:
De to spillere ligger i sideplanke på strakt arm med front mod hinanden. Afstand cirka 1½ - 2 meter.

Den ene spiller har en bold i den hånd, hun ikke støtter på. Bolden afleveres frem og tilbage med de fri hænder.

Øvelsen gentages med et antal kast til hver hånd (antal afhænger af niveau). Det betyder at der undervejs skiftes position, så der støttes på den anden arm.

Eksempel: Spiller 1 støtter på venstre arm, og kaster med højre hånd til Spiller 2, der støtter på højre arm og griber/returnere med venstre hånd. Efter det valgte antal kast skifter de plads, så Spiller 2 nu støtter på venstre arm og kaster med højre, mens Spiller 1 støtter på højre arm og kaster med venstre.

Husk at der i udgangspositionen skal være en lige linje fra skulder til ankel. Hoften må hverken løftes eller "hænge".

Variation:
Øvelsen kan gøres mere udfordrende ved at spillerne skal løfte det øverste ben (det, der ikke støttes på) 15-20 cm (strakt) mens de kaster.

Planken – sideplanken med benløft

Forløb:
I eksemplet ligger spilleren på venstre arm. Øvelsen gennemføres liggende på begge arme.

Spilleren ligger på siden, hvilende på venstre underarm og med venstre fod på halgulvet. Der skal være en lige linje fra skulder til fod. Hold kroppen helt stille. Højre ben løftes så højt som muligt.

Stillingen holdes i 20-30 sekunder, hvorefter der pauses. Herefter udføres samme med venstre ben.

Planken – sideplanken med ben- og armløft

Forløb:
I eksemplet ligger spilleren på venstre arm. Øvelsen gennemføres liggende på begge arme.

Spilleren ligger på siden, hvilende på venstre underarm og med venstre fod på halgulvet. Der skal være en lige linje fra skulder til fod. Hold kroppen helt stille. Højre ben løftes så højt som mulig og højre arm strækkes lige op i luften.

Stillingen holdes i 20-30 sekunder, hvorefter der pauses. Herefter udføres samme med venstre ben og arm.

Pres med skuldre

Forløb:
Spiller 1 og Spiller 2 står overfor hinanden. De strækker armene og presser håndfladerne mod hinanden. Herefter bevæges hænderne i forskellige retninger – uafhængigt af hinanden (asynkront).

Program med tennisbolde – 1

Organisering:
Hvert par skal bruge en tennisbold.

Forløb:

1. Trille skiftevis højre/venstre
Den arbejdende spiller står som ved armstræk (med samlede fødder, hænder i skulderbredde). Makkeren triller tennisbolde til hende, skiftevis til hendes højre og venstre hånd, som hun skal trille tilbage med den hånd, der bliver trillet til.

2. Trille skiftevis højre/venstre - bundet

Den arbejdende spiller står som ved armstræk (med samlede fødder, hænder i skulderbredde). Makkeren triller tennisbolde til hende, som hun skiftevis skal returnere med højre og venstre hånd. Det vil sige, at selv om bolden trilles til hendes højre hånd – og hun senest har brugt denne – så skal hun returnere med venstre. Og så videre.

3. Trille skiftevis højre/venstre – med armstræk

Den arbejdende spiller står som ved armstræk (med samlede fødder, hænder i skulderbredde). Makkeren triller tennisbolde til hende, skiftevis til hendes højre og venstre hånd, som hun skal trille tilbage med den hånd, der blev trillet til. Mellem hver bold tages 1 armstræk (udbyg gerne med flere – maksimalt 4).

4. Trille skiftevis højre/venstre – bundet – med armstræk

Den arbejdende spiller står som ved armstræk (med samlede fødder, hænder i skulderbredde). Makkeren triller tennisbolde til hende, som hun skiftevis skal returnere med højre og venstre hånd. Det vil sige, at selv om bolden trilles til hendes højre hånd – og hun senest har brugt denne – så skal hun returnere med venstre. Og så videre. Mellem hver bold tages 1 armstræk (udbyg gerne med flere – maksimalt 4).

Program med tennisbolde – 2

Organisering:
Hvert par skal bruge en tennisbold.

Forløb:

1. Aflevering/hoppebold skiftevis højre/venstre

Den arbejdende spiller står som ved armstræk (med samlede fødder – hænder i skulderbredde). Makkeren afleverer tennisbolde til hende, skiftevis til hendes højre og venstre hånd, som hun skal kaste tilbage med den hånd, der blev kastet til. Bolden skal hoppe eller bare kastes – den må ikke trille.

2. Aflevering/hoppebold skiftevis højre/venstre - bundet
Den arbejdende spiller står som ved armstræk (med samlede fødder – hænder i skulderbredde). Makkeren afleverer tennisbolde til hende, som hun skiftevis skal returnere med højre og venstre hånd. Det vil sige, at selv om bolden kastes til hendes højre hånd – og hun senest har brugt denne – så skal hun returnere med venstre. Og så videre. Bolden skal hoppe eller bare kastes – den må ikke trille.

3. Aflevering/hoppebold skiftevis højre/venstre – med armstræk
Den arbejdende spiller står som ved armstræk (med samlede fødder – hænder i skulderbredde). Makkeren afleverer tennisbolde til hende, skiftevis til hendes højre og venstre hånd, som hun skal kaste tilbage med den hånd, der blev kastet til. Bolden skal hoppe eller bare kastes – den må ikke trille. Mellem hver bold tages 1 armstræk (udbyg gerne med flere – maksimalt 4).

4. Aflevering/hoppebold skiftevis højre/venstre – bundet – med armstræk
Den arbejdende spiller står som ved armstræk (med samlede fødder – hænder i skulderbredde). Makkeren afleverer tennisbolde til hende, som hun skiftevis skal returnere med højre og venstre hånd. Det vil sige, at selv om bolden kastes til hendes højre hånd – og hun senest har brugt denne – så skal hun returnere med venstre. Og så videre. Bolden skal hoppe eller bare kastes – den må ikke trille. Mellem hver bold tages 1 armstræk (udbyg gerne med flere – maksimalt 4).

Push up

Forløb:
Stå på hænder og fødder med kroppen strakt ud. Hænderne skal være placeret i gulvet med lidt over en skulderbreddes afstand. Start med

bøjede albuer, så kroppen holdes lige over gulvet. Stræk langsomt armene helt ud til helt strakt, så kroppen løftes fra gulvet. Kroppen skal holdes strakt; der må ikke knækkes i hoften. Sænk langsomt ned til udgangsstillingen – og forfra…

Ryg

Forløb:
Spilleren står som ved en armbøjning (med strakte arme). Ryggen spændes i en bue opad. Spændet holdes i 10-15 sekunder, hvorefter der slappes af.

Rygbøjninger med strakte arme

Forløb:
Spilleren ligger på maven og tager rygbøjninger med armene strakt frem over hovedet – benene holdes i gulvet.

Rygbøjninger med strakte ben

Forløb:
Spilleren ligger på maven og tager rygbøjninger hvor benene samtidig løftes fra gulvet (benene skal holdes strakte) – armene holdes ned langs siden.

Rygbøjninger på alle fire – 1

Forløb:
Spilleren ligger på alle fire og tager rygbøjninger, hvor hun skiftevis løfter/strækker venstre arm og højre ben samtidig og derefter højre arm og venstre ben.

Rygbøjninger på alle fire – 2

Forløb:
Spilleren ligger på alle fire; hun løfter/strækker højre arm og venstre ben – sænker dem mod gulvet og løfter/strækker igen inden hånd/fod når at støtte på gulvet. Når spilleren har fundet en "rytme", kan hun forsøge at gøre bevægelsen eksplosivt. I denne øvelse arbejdes 30 sekunder med højre arm/venstre ben, hvorefter der skiftes og arbejdes 30 sekunder med venstre arm/højre ben.

Rygbøjninger – skiftevis

Forløb:
Spilleren ligger på maven med armene strakt over hovedet og benene strakte – hun tager rygbøjninger, hvor hun skiftevis løfter venstre arm og højre ben (stadig strakt) samtidig og derefter højre arm og venstre ben.

Selvtræningsprogram, allround

Programmet kan bruges til fællestræning i hal eller som selvtrænings-program for den enkelte spiller.

A. Reaktionsøvelser
- Spilleren løber på stedet i rimeligt tempo cirka 1 minut.
- Spilleren starter stående, lægger sig ned på ryggen, og rejser sig op igen med kort afsæt i højt tempo cirka 30 sekunder (så hurtigt som muligt).
- Spilleren starter stående, lægger sig ned på maven og rejser sig op igen med kort afsæt i højt tempo cirka 30 sekunder (så hurtigt som muligt).

B. Styrkeøvelser
- Spilleren ligger på ryggen på gulvet med let bøjede ben, fødderne i gulvet og armene ud til siden. Hun skal løfte bagdelen, så der kommer en ret linje mellem skulder og knæ, og langsomt sænke sig ned igen. Der må ikke stødes i bevægelserne. Der arbejdes 30 sekunder og hviles 30 sekunder. Gennemføres 4 gange.
- Samme øvelse som 1., men først skal det venstre, siden det højre ben holdes strakt, mens øvelsen gennemføres. Der arbejdes 30 sekunder og hviles 30 sekunder. Gennemføres 2 gange (for hvert ben).
- Spilleren sidder på bagdelen med let bøjede ben og fødderne i gulvet. Overkroppen let bagud, der støttes på hænderne. Spilleren skal løfte bagdelen, så der kommer en ret linje mellem skulder og knæ. Der arbejdes 30 sekunder og hviles 30 sekunder. Gennemføres 2 gange.
- Spilleren sidder på bagdelen med let bøjede ben og fødderne i gulvet. Overkroppen let bagud, der støttes på hænderne. Spilleren skal løfte bagdelen, så der kommer en ret linje mellem skulder og knæ, mens først det venstre, siden det højre ben skal holdes strakt, mens øvelsen gennemføres. Der arbejdes 30 sekunder og hviles 30 sekunder pr. ben.

C. Balanceøvelser – stående, spring efter opbakning
- Spilleren springer fremad – afsæt på begge ben
- Spilleren springer fremad – afsæt på højre ben
- Spilleren springer fremad – afsæt på venstre ben
- Spilleren springer til egen venstre side – afsæt på højre ben
- Spilleren springer til egen højre side – afsæt på venstre ben
- Spilleren springer til egen venstre side – afsæt på venstre ben
- Spilleren springer til egen højre side – afsæt på højre ben
- Spilleren springer skiftevis til venstre og højre side – afsæt med samlede ben

Efter hvert hop skal spilleren finde den totale balance – gennemføres med 6 hop pr. deløvelse.

D. Styrkeøvelser
- Rygbue – fastholdes 30 sekunder
- Armcirkler – 15 stk. forlæns med rolig rytme. Brug eventuelt 1-2 kg håndvægte.
- Armcirkler – 15 stk. baglæns med rolig rytme. Brug eventuelt 1-2 kg håndvægte.
- Armstrækninger – 2 x 10 stk. med 30 sekunders pause imellem.
- Maverulninger – 15 stk. - armene holdes krydset foran brystet.
- Strækøvelser for nakkemuskler – fastholdes 15 sekunder i hver side.

Sidehæv med inderside af lår

Organisering:
Hver spiller skal bruge en stol.

Forløb:
Lig på siden på gulvet – eventuelt på en måtte. Læg det øverste bens fod på stolen og hold det andet i luften lige under stolesædet. Løft kroppen så højt op fra gulvet som muligt, ved at presse det øverste ben mod stolesædet. Kør øvelsen færdig, liggende på den ene side, inden der skiftes til den anden side.

Sideliggende bækkenhæv

Forløb:
Lig på den ene side, støttende på underarmen. Den anden arm holdes i siden. Hold kroppen så afslappet som muligt (neutralt). Hæv bækkenet til kroppen er strakt og stiv. Eventuelt kan spilleren løfte sig lidt op i

albuen på den arm, der støttes på. Kør øvelsen færdig, liggende på den ene side, inden der skiftes til den anden side.

Skiftedag

Organisering:
Spilleren skal bruge en bold.

Forløb:
Spilleren står i let bredstående og holder bolden mellem benene, med højre hånd forfra og venstre hånd bagfra. Spilleren skal kontinuerligt skifte greb, så bolden skiftevis holdes med højre hånd forfra – venstre bagfra og venstre forfra – højre bagfra. Vel at mærke, uden at bolden tabes på gulvet. Hvis det kan lette øvelsen, må spilleren gerne hoppe samtidigt med, at der skiftes greb.

Sit up (med løftede ben) – lige

Forløb:
Lig på ryggen med bøjede, løftede ben - hold overarmene ned langs kroppen, med underarme pegende lodret op (arme bukket 90 grader i albueled). Løft overkroppen op (buk i hoften) ved hjælp af mavemusklerne – armene strækkes ud over knæene.

Sit-up – skrå

Forløb:
Lig på ryggen med bøjede ben – læg den ene ankel på det andet knæ, hold hænderne ved hver sit øre *). Hvis højre fod er lagt op på venstre knæ, føres venstre albue til højre knæ (hoved og overkrop løftes skråt). Herefter lægges venstre fod på højre knæ – højre albue føres til venstre knæ – og så videre.

*) Hvis hænderne holdes bag nakken, så vil spilleren sandsynligvis trække hovedet op med armene – og ikke bruge mavemusklerne. Hvis hænderne holdes ved ørerne, så kan hun kun komme op ved at bruge mavemusklerne.

Skulderpres

Forløb:
Stå i bro med strakte arme og ben – bagdelen skal være højeste punkt. Sænk langsomt overkroppen ved at bøje i armene så langt ned som muligt – gerne helt ned, så hovedet rører gulvet. Benene skal holdes strakte hele vejen ned. Gå herefter langsomt tilbage til udgangsstillingen ved at strække armene igen.

Spagat mellem stole

Organisering:
Hver spiller skal bruge to stole.

Forløb:
Spilleren går langsomt ned i spagat mellem to stole – hun støtter sig med en hånd på hver stol. På forreste fod holdes hælen i gulvet, bagerste fod tæerne.

Squat

Forløb:
Spilleren står i let bredstående. Hun går langsomt ned i hugsiddende, til lår er vandrette – skub bagdelen bagud og hold arme strakt fremad – husk at knæ skal være lige over fødder – overkroppen holdes så lodret som muligt.

Stillingen holdes i 20-30 sekunder

Stolehop

Organisering:
Spilleren skal bruge en bold.

Forløb:
Spilleren står med bolden i højre hånd. Spilleren hopper så højt som muligt og trækker benene op, som om hun sidder på en stol i luften – samtidigt skal hun forsøge at føre bolden under sæde/lår.

Styrke-/løbeprogram – 1

Programmet gennemføres to gange uden nævneværdig pause imellem runderne.

Organisering:
Der markeres en løbestrækning på ca. 40 meter. 10 meter ude sættes en markering (kegle eller lignende), tilsvarende ved 20 og 30 meter, I det følgende benævnte:

0 meter (Start)	= markering 1
10 meter	= markering 2
20 meter	= markering 3
30 meter	= markering 4
40 meter (stop)	= markering 5

Spillerne starter ved markering 1.

Forløb:

- Der løbes til markering 2, hvor der tages 10 armstræk og retur til markering 1, hvor der ligeledes tages 10 armstræk.

- Der løbes til markering 3, hvor der tages 10 sprællemandshop (med klap over hovedet for hver 2.) og retur til markering 1, hvor der ligeledes tages 10 sprællemandshop.
- Der løbes til markering 4, hvor der tages 10 maverulninger og retur til markering 1, hvor der ligeledes tages 10 maverulninger.
- Der løbes til den markering 5, hvor der tages 10 englehop (husk korrekt fodstilling, fødder skal pege ligeud og spillerne må ikke gå helt ned i knæ af hensyn til knæenes belastning), og retur til markering 1, hvor der ligeledes tages 10 englehop.
- Der løbes til markering 5, hvor der tages 10 høje hop med samlede ben og retur til markering 1, hvor der ligeledes tages 10 høje hop med samlede ben.
- Der løbes til markering 4, hvor der tages 10 X-hop (start i hugsiddende, spring op så arme og ben danner et X) og retur til markering 1, hvor der ligeledes tages 10 X-hop.
- Der løbes til markering 3, hvor der tages 10 maverulninger (skrå, skiftevis) og retur til markering 1, hvor der ligeledes tages 10 skrå maverulninger.
- Der løbes til markering 2, hvor der tages 10 armstræk med klap og retur til markering 1, hvor der ligeledes tages 10 armstræk med klap.

Styrke-/løbe program – 2

Organisering:
Denne øvelse kan udføres såvel indendørs på en håndboldbane som udendørs. Blot skal der markeres en løbebane på cirka 20 meter med et par kegler.

Forløb:
Spillerne starter liggende på maven med front i løberetningen. På signal spurtes 20 meter over til den anden side, hvor de igen lægger sig ned på maven (med front mod løberetningen). På nyt signal løber de retur og lægger sig igen.

Næste gang der gives signal, skal spillerne løbe frem og tilbage, lægge sig ned på maven 2 gange – det vil sige ved ankomst ned på maven, op at stå igen og ned på maven. Ved næste signal skal spillerne løbe 3 gange og så videre – i alt 10 x løb.

Herefter holdes 2 minutters pause, hvorefter øvelsen gentages med

- at spillerne skal tage armstræk ved vending
- at spillerne skal ned på ryggen ved vending
- at spillerne skal tage maverulning(-er) ved vending

Husk 2 minutters pause mellem hver omgang.

Styrkeprogram – 1

Organisering:
Spillerne arbejder sammen i par.

Der holdes en pause på cirka 30 sekunder mellem hver deløvelse. Øvelserne gennemføres på en 20 meters strækning (eksempelvis fra sidelinje til sidelinje på en håndboldbane).

Forløb:

- Almindelig trillebør (husk at tage fat over knæet).
- Omvendt trillebør (trillebøren har ansigtet opad og ryggen mod gulvet – husk stadig at tage fat over knæet).
- Spiller 1 står bag Spiller 2 med et fast greb om hendes hofter; Spiller 2 skal hoppe fremad, Spiller 1 skal holde igen (give hende modstand, ikke bremse hende).
- Spiller 1 står bag Spiller 2 med et fast greb om livet på hende; Spiller 2 skal spurte fremad, Spiller 1 skal holde igen (give hende modstand, ikke bremse hende). Spiller 2 løber almindeligt, Spiller 1 holder igen med spredte ben.

- Spiller 2 står med siden til Spiller 1, der har et fast greb i Spiller 2's hånd; Spiller 2 skal nu trække Spiller 1, der skal holde igen, uden at bremse hende. Ved sidelinjen byttes hånd, så Spiller 2 trækker med begge sider.
- Spiller 1 springer buk over Spiller 2, der springer buk over Spiller 1, der … og så videre.
- Spiller 1 er håndliggende, Spiller 2 glider under hende og går op i håndliggende, Spiller 1 glider under hende og så videre.

Styrkeprogram – 2

Organisering:
Spillerne arbejder sammen i par.

Der arbejdes 1 minut, og hviles 30 sekunder for hver deløvelse.

Forløb:

- Spiller 1 og Spiller 2 står med ryggen til hinanden; de skal stille og roligt gå ned i hugsiddende og op igen. De må ikke holde fat i hinanden – eneste kontakt er ryg mod ryg – og skal hele tiden forsøge at følge makkerens bevægelser.
- Spiller 1 og Spiller 2 sidder med ryggen til hinanden med let bøjede knæ; Spiller 1 bøjer sig fremad, mens Spiller 2 følger med og presser sig op, så kroppen står i en bue. Hun går langsomt ned, bøjer sig fremad og Spiller 1 går op i bue og så videre.
- Spiller 1 står med benene et stykke fra hinanden, ikke helt bredstående men næsten, stiver af i kroppen og læner sig frem over Spiller 2, der ligger på ryggen med det ene ben strakt, så hun "rammer" Spiller 1 i maven. Spiller 2 skal bøje og strække benet med Spiller 1 som modvægt. Gennemføres med hvert ben, før der skiftes mellem Spiller 1 og Spiller 2.

- Spiller 1 lægger sig på siden, mens Spiller 2 sætter sig på hendes lår og stabiliserer Spiller 1's underkrop. Spiller 1 løfter forsigtigt overkroppen med armene strakt ligeud over hovedet og holder stillingen, mens hun tæller langsomt til 3, derefter langsomt ned til 3 og forfra. Gennemføres på hver side, før der skiftes mellem Spiller 1 og Spiller 2.
- Spiller 1 lægger sig på ryggen med strakte arme, Spiller 2 lægger sig ovenover, med let bøjede arme. Spillerne har fat i hinandens hænder. Spiller 1 skal nu bøje sine arme (med Spiller 2 oven på), mens Spiller 2 skal strække sine.
- Spiller 1 ligger på ryggen med armene strakt ud til siden, Spiller 2 sidder på knæ ved hendes hoved og holder hendes skuldre nede. Spiller 1 skal strække sine ben mod loftet og svinge dem langsomt i store halvcirkler fra side til side.
- Spiller 1 sidder på gulvet med spredte ben (støtter bagud med armene), Spiller 2 sidder ved hendes fødder og skal holde igen, mens Spiller 1 skiftevis forsøger at sprede og samle benene. Spiller 2 skal holde på henholdsvis yder- og inderside af Spiller 1's ankler.
- Spiller 1 står med armene ned langs siden, Spiller 2 står bag ved hende og skal holde igen, mens Spiller 1 skiftevis forsøger at hæve og sænke armene. Spiller 2 skal holde på henholdsvis håndryg og håndled.

Styrkeprogram – 3

Organisering:
Spillerne arbejder sammen i par, da der i nogle af øvelserne skal arbejdes med makker.

De fleste øvelser skal gentages flere gange, mellem hver øvelse holdes 45-60 sekunders pause, mellem hver repetition cirka 30 sekunder.

Alle øvelser skal udføres i et roligt tempo på takten 1-2. Det er ikke tempo, men udførelse og gentagelse der er vigtigst!
Forløb:

Bagside af arm
Spilleren sidder i krabbestilling med bagdelen et pænt stykke over gulvet. Hun bøjer ned i armene, samtidig med at hvert ben skiftevis strækkes fremad. Gennemføres 3 x 10 gange (5 x strakt venstre, respektive højre ben i hver repetition).

Bagside af lår og baller
Spilleren ligger på ryggen med armene ud til siden. Benene er bøjet og fødderne er i gulvet. Spilleren løfter bagdelen, så der dannes en ret linje mellem skuldre (kontaktpunkt med gulvet) og knæene. Gennemføres 3 x 15 gange.

Forside af lår og hoftebøjere
Spilleren sidder på bagdelen med benene strakt fremad, der hviles på hænderne, som er placeret i gulvet en smule bagud (fingrene skal pege fremad). Spilleren løfter og sænker benene skiftevis cirka 15 cm over gulvet. Hun skal holde rank ryg under hele øvelsen. Gennemføres 2 x 10 gange med hvert ben.

Forside af arm (parøvelse)
Spiller 1 ligger på ryggen, Spiller 2 står over hende med let bøjede ben. Spiller 1 og Spiller 2 tager fat i hinanden med tvegreb. Spiller 1 skal hæve sig op i spillers 2's arme (rytme: op 1-2, ned 3-4). Spiller 1's krop skal være spændt under øvelsen. Spiller 2 skal holde ryggen rank og benene bøjet – lidt lige som at sidde på en stol. Gennemføres 2 x 10 gange for hver spiller.

Baller og lænd

Spilleren ligger på alle fire med vægten fremover på underarmene. Spilleren skiftevis løfter og sænker sine ben enkeltvis, så der dannes en lige linje mellem mave og lår. Gennemføres 2 x 15 gange med hvert ben.

Mave (lige)

Spilleren ligger på ryggen med let bøjede ben, fødderne i gulvet. Hun støtter hænderne på hovedet lige bag ørerne (ikke bag nakken) med albuerne udad. Spilleren løfter langsomt overkroppen lige netop så højt, at skuldrene slipper gulvet og sænker sig ned igen. Gennemføres 2 x 5 gange.

Mave (lige)

Spilleren ligger på ryggen med benene bøjet, som om hun sidder på en stol. Hun støtter hænderne på hovedet lige bag ørerne (ikke bag nakken) med albuerne udad. Spilleren løfter langsomt overkroppen lige netop så højt, at skuldrene slipper gulvet og sænker sig ned igen. Gennemføres 2 x 5 gange.

Skuldre

Spilleren står på alle fire, dvs. på hænder og fødder, ikke på knæ. Bagdelen skal løftes så højt op og fremad, at vægten kommer til at hvile på spillerens arme og hænder. Der skal "løftes op i skuldrene", mens øvelsen udføres. Spilleren skal nu skiftevis flytte hele sin vægt fra den ene arm til den anden. Gennemføres 2 x 15 gange vægtoverføring pr. arm.

Mave (skrå)

Spilleren ligger på ryggen med let bøjede ben. Det ene ben skal være bøjet ind over det andet og den ene arm skal ligge ned langs siden, den anden skal holdes ved øret som i 6. Eksempel: Hvis højre arm holdes ned langs siden og venstre ved øret, skal højre ben være bøjet ind over det venstre, der skal have foden i gulvet. Spilleren skal løfte overkroppen skråt mod den side, hvor armen ligger på gulvet; der skal løftes til skulderbladet netop slipper gulvet, hvorefter derefter sænkes igen. Gennemføres 2 x 10 gange til hver side.

Ryg
Spilleren ligger på maven med armene strakt over hovedet. Venstre arm løftes samtidig med højre ben (der skal holdes strakt) og sænkes igen – hvorefter højre arm løftes samtidig med venstre ben og så videre. Husk, at spilleren skal kigge ned i gulvet mens øvelsen udføres af hensyn til sin ryg. Gennemføres med 1 x 15 hævning pr. arm/ben-par.

Brystmuskler (parøvelse)
Spiller 1 og Spiller 2 står med front mod hinanden, i let bredstående stilling, lænende sig svagt frem mod hinanden. De tager fat i hindens hænder med god skulderbredde. Spillerne skal lave armstræk mod hinanden. De skal sørge for at spænde, så kroppen ikke knækker ved hoften. Spillerne bøjer sig fremad samtidig og strækker sig væk fra hinanden samtidig. Gennemføres 4 x 10 gange (4 x 5 bøje frem + 4 x 5 strække væk).

Bryst/arme
Spilleren tager almindelige armstræk. Gennemføres 2 x 10 gange.

Styrkeøvelse med bold – 1

Organisering:
Øvelsen udføres over 15-20 meter. Spilleren skal bruge 1 bold.

Forløb:
Spilleren hopper fremad med bolden fastklemt mellem anklerne.

Styrkeøvelse med bold – 2

Organisering:
Øvelsen udføres over 15-20 meter. Spilleren skal bruge 1 bold.

Forløb:
Spilleren hopper fremad med bolden fastklemt mellem knæene.

Styrkeøvelse med bold – 3

Organisering:
Spilleren hopper fremad med bolden fastklemt mellem anklerne.

Forløb:
Spilleren hinker fremad på højre ben med bolden hvilende på venstre fods vrist.

Styrkeøvelse med bold – 4

Organisering:
Spilleren hopper fremad med bolden fastklemt mellem anklerne.

Forløb:
Spilleren hopper fremad på venstre ben med bolden hvilende på højre fods vrist.

Stå bro

Forløb:
Spilleren skal stå i bro, støttende på albuer og tæer uden muskelspænding. Spænd mavemuskler og pres bækkenet opad – hold stillingen cirka 30 sekunder og "fald ned igen" – og så videre.

Sælgang

Forløb:
Spilleren ligger på maven hvilende på underarmene, der skal pege fremad. Hun skal nu trække sig fremad alene ved at bruge underarme og albuer. Hun må ikke bruge benene.

Spilleren skal maksimalt trække sig fremad et par meter.